KB125850

압록강은
휴전선 너매
흐른다

압록강은 휴전선 너머 흐른다

강주원

멈춤 없는 남북 만남,
돌아보고 내다보는
문화인류학적 조감도

눌민

남북 교류와 만남 기록하기

사라질 것 같은 마을, 뚜벅뚜벅 찾아가기

2016년 촛불집회가 시작된 그 가을 언저리였다. 그때부터 나는 연구실 벽면에 한 장의 글귀를 붙여 놓고 생각에 잠겨보곤 했다. 2007년 10월 2일 노무현 전 대통령이 군사분계선(휴전선)을 넘어 방북할 때 남긴 말이다.

여기 있는 이 선이 지난 반세기 동안 우리 민족을 갈라놓고 있는 장벽입니다. [...] 다행히 그동안 여러 사람들이 수고해서 이 선을 넘어가고 또 넘어왔습니다. 저는 이번에 대통령으로서 이 금단의 선을 넘어갑니다. 제가 다녀오면 또 더 많은 사람들이 다녀오게 될 것입니다. 그러면 마침내

이 금단의 선도 점차 지워질 것입니다. 장벽은 무너질 것입니다.[1]

당시 그가 파악한 남북 교류는 어떤 모습이었고, 장벽(휴전선)과 시대적 상황은 어떤 양상이었던가? 그가 희망하고 예측한 남북 만남은 10여 년 세월이 흐른 뒤 현재에 이르러 어떤 궤적을 남기는 중인가? 그 글귀를 읽을 때마다 내가 던지는 질문은 달랐고, 그 안에서 일어나는 대답도 함께 변하곤 한다.

3년에 한 번 꼴로 성과를 책으로 발표하겠다는 내 계획은 그동안 꿈으로 머물렀다. 그 약속을 지키고자 노력하지 못한 채 세월을 보냈다. 아니다. 2018년 1월 김정은 위원장의 신년사와 평창올림픽을 기폭제로 시시각각 변하는 남북 정세의 흐름 속에서, 무엇을 보고 무엇을 읽어야 할지 스스로 막연했던 것이 사실이었다. 쏟아지는 남북 교류와 만남, 통일과 관련한 미래 담론을 인류학의 시각으로 따라가기는 벅찼다.

2019년 4월에 들어서야 나는 구상을 목차로나마 컴퓨터에 옮기기 시작했다. 이 작업을 하면서 약 3년의 시간을 내 방식대로 거칠게 되돌아보았다. 2017년 5월 문재인 정부 탄생 이후에도 대북 제재라는 면에서는 변화가 없었다. 하지만 삼국(북한·중국·한국)의 연결 혹은 단절의 변화상을 기록하겠다는 애초의 구상은 수정할 필요가 있었다.

2018년 1월을 기점으로 한국 사회는 남북 교류라는, 개봉도 예측

---

1) 《한겨레》 2007년 10월 2일자, "노무현 대통령 걸어서 금단의 선 넘었다"

할 수 없는 그 시리즈물에서 주인공 한 명에게만 관심을 쏟는 모습이었다. 그 주인공이란 휴전선이다. 평론도 쏟아졌다. 미래에 펼쳐질 한반도 내의 만남과 여러 시나리오들을 내놓고 거기에 이야기를 덧붙였다.

그 속에서, 사라진 마을 즉 내 연구 지역과 주제가 사라질 가능성마저 느꼈다. 2000년부터 한 우물을 팠던 연구를 중단해야 할 처지에 내몰릴지도, 어쩌면 나 자신도 세간의 관심을 따라 휴전선과 관련한 것으로 주제를 옮겨야 할지도 모른다는 위기감이 들었다. 하지만 내게는 자꾸만 미련이 남았다. 피하기 위한 구실과 핑계를 찾았다.

그때 나는 자문자답을 반복했다. 사라질 운명에 처한 마을이라지만 최소한 그 과정의 기록은 남겨야 하는 것 아닐까? 미래를 준비하는 것은 물론 중요하다. 하지만 한국 사회의 관심에서 벗어나 있는 한반도 밖의 남북 관계의 역사와 현재를 있는 그대로 이해하는 것도 필요하다. 설마 휴전선과 달리, 30여 년 동안 남북 교류와 만남의 중심축 역할을 했던 중국 도시 단둥(단동)의 역할이 변할까? 변할 것 같다. 아니, 그대로일 것 같다.

사람들은 한 마을(지역)만이 아니라 다른 마을로 옮겨서 주제를 정하는 것도 연구자로서 필요한 일이라고 조언한다. 옳은 말이다. 그러나 나는 다른 꿈을 꾼다. 남북 교류와 만남이 활성화되는 멀지 않은 시기에, 한반도와 중국이 만나는 관문으로 변해가는 단둥과 중·조 국경(두만강과 압록강)에서 또 다른 연구를 시작하는 나의 모습이다. 결국 나는 새로운 마을을 찾아 나서기보다 약 20년 참여관찰한 마을

(도시)의 변화를 더욱 들여다보고 재삼 찾아가는 쪽을 선택할 것이다. 내겐 그것이 연구자로서 행복이라고 생각한다.

2018년 전후 한국의 NGO 단체와 언론 관계자, 그 밖의 남북 교류에 관여한 많은 사람들은 "예전(2008년 전후)에 10여 년(1998~2008년) 동안 북한을 00번 방문했다"는 식의 말을 남긴다. 그 정도 경험이 없다면 북한이나 남북 관계에서 전문가라는 명함을 못 내밀 것 같다. 내가 그들과 다르다면 중국에서 보낸 현지 조사 시간과 횟수다.[2]

2000년부터 기록을 정리하자면 한 번의 장기 현지 조사(15개월)와 44번의 단기 현지 조사로 남았고, 2010년 이후로 말한다면 두세 달에 한 번 꼴로 중국에 간 셈이다. 무엇보다, 압록강(두만강)변의 도시들에서 사는 남북 교류와 만남의 산증인들을 만나기 위한 것이었다. 그곳에서 그들의 모습과 방식을 기록하고 배웠다. 그들과는 대부분

---

2) 이에 대해서는 『압록강은 다르게 흐른다』(눌민, 2016)에 "현지 조사와 관련된 중·조 국경 지역과의 인연은 2000년으로 거슬러 올라간다. 연변 지역에서 한 달 정도 탈북자 관련 연구를 경험했다. 2004년과 2005년 각각 20일 정도 중국 동북 3성의 주요 거점 도시와 국경 지역 주변의 조선족 거주 지역을 찾아다니면서 박사 논문을 준비할 수 있는 지역을 모색하였다. 그 이후 나는 중·조 국경 지역에서 2006년 10월부터 2007년 12월까지, 약 15개월 동안 박사 논문 작성을 위해서 현지 조사를 했다. 박사 논문(2012) 제출 전에 총 6번 다녀왔다. 박사 논문 이후에 연구와 가이드를 목적으로 단둥을 포함한 압록강과 두만강을 모두 17번 다녀왔다. [...] 정리하면 박사 논문 현지 조사를 위해서 약 15개월(2006년~2007년) 동안 단둥에서 생활한 것 이외에 2000년부터 2005년까지 총 3번과 2008년부터 2016년(4월)까지 총 23번의 중·조 국경 지역의 현지조사"의 경험을 하였다고 서술하였다. 이는 이 책의 밑바탕이 되었다. 한편 2016년 8월부터 2019년 10월까지 중·조 국경 지역(중국의 타 지역 포함)을 18번 다녀왔다. 이를 합하면, 중국에서 15개월을 보낸 것 외에도 44번 중국에 가서 남북 교류와 만남을 들여다보았다. 단둥에 사는 북한화교, 조선족, 한국사람이 한국에 올 경우와 한국에서 현지 조사 과정은 구체적으로 열거하는 것을 생략한다.

10년 넘어 연을 이어가고 있다.

그런 만남에서 반복되는 대화 주제에는 "대북 제재 속에서도 변화하는 신의주 모습을 어떻게 해석할까?"라는 거창한 것도 있지만, 대부분은 "요즘 북한사람과 어떻게 지내고 있어요?" 또는 "3개월 전 추진하던 대북 사업은 잘 되고 있나요?" 같은 것들이 차지한다. 그 대화에는 일상이 녹아 있고, 그래서 남북 교류와 만남의 역사와 현재가 함께 들어 있다. 내게 두만강과 압록강 그리고 단둥에 가는 이유를 묻는다면 그 때문이라고 말할 것이다.

공존으로 가는 길은 다양하다

이 책의 출발점이자 뼈대가 된 2018년 봄의 메모를 옮겨본다. 2019년 6월 30일 남북미 판문점 정상회담 기준으로 약 1년 전에 쓴 것으로, 인류학 연구자로서 나름의 고민을 담은 것이다. 2000년 여름에도 그랬지만, 나에게 휴전선과 압록강(두만강)은 따로 떼어낼 수 없다.

2018년 새해 아침에 눈을 뜨자마자 나는 순식간에 바뀌어버린 남북의 상황을 인식한다. 내가 사는 이 한국 사회는 북한의 신년사에서 출발한 남북 평화와 교류의 현장과 4월 27일 제3차 남북 정상회담의 여운, 거기에 빠질 수 없는 평양 방문의 꿈과 희망의 보도 속을 향한다. 그 속에서 한반도가 아닌 나의 주 연구 지역인 중국 단둥을 통해 무엇을 이야기할 수 있을지 의문이 든다. 어쩌면, 들으려는 사람이 거의 없을지도 모른다. 다들 새 길에만 관심을 가진다. 그럴 때, 그동안의 연구를 바탕으로 다른 길도 있다고 말하는 것, 이전에 길이 이미 있었다고 기록하는 것이 의미가 있을까. 힘이 빠지지만 마음을 다잡아본다. 우선, 몇 개월 또는 일이 년 사이 한반도 내 남북의 모습을 기록하고 정리하자. 거기에서 느낀 문제를 이야기해보자. 다음으로, 한반도 밖의 단둥 지역에서 어떤 남북 교류가 있는지 살펴보자. 그것이 의미하는 바가 무엇인지 알아보자.

이것은 시작이었고 그렇게 내용을 채워나갔다. 포괄적으로 말하면, 한반도 내에서 10여 년 동안 헤어졌던 사람들의 재회 과정을 기록하고, 한반도 밖에서 30여 년 가까이 헤어지지 않고 만나는 사람들의 삶을 담았다. 한반도 밖의 남북 교류와 만남의 장은 그동안 사람들에게서 조명을 받지 못했다. 하지만 나는 그들이 주연 같은 조연 또는 더블캐스팅 같은 역할을 해왔음을 세상에 드러내고자 했다.
두만강과 압록강으로 대변되는 중·조 국경과 중국의 국경 도시 단둥은 남북 교류와 만남의 이면이나 조연 역할만을 담당하지 않는다. 다른 한 축, 또 하나의 중심축이었다. 좀 더 나아간 의미로, 중국·북한·한국이라는 국가와 민족 정체성을 경제 활동의 토대로 활용하는 이들이 사는 곳이다. 그들은 네 집단(북한사람, 북한화교, 조선족, 한국사람)이다. 그들의 삶이 한국 사회가 걷는 길, 향하는 곳을 드러내는 지표 역할을 담당하고 있음을 글을 통해 남긴다.
남북 교류와 만남에는 예측하지 못한 장벽과 변수가 언제든 나타날 수 있다. 성과가 곧바로 드러날 수 없는 긴 여정일 수도 있다. 그래서 이 사회가 휴전선만을 바라보며 희망과 멈춤(단절)을 반복한다면, 나는 거기에 반문하고 싶다.

다양한 길을 찾아서 꾸준한 걸음을 유지하는 것이 오히려 효과적일 수도 있다고 말이다. 남북을 평화의 길로 잇는 방식은 군사 경계선인 휴전선에만 있지 않음을, 압록강(두만강)과 단둥 그리고 그곳에 사는 네 집단의 삶에도 존재하는 것임을 밝히려고 노력했다.

나 역시 휴전선을 넘나드는 민간 차원의 남북 교류의 장이 본격화하기를 희망한다. 이 글이 책으로 나오기 전에 그런 날이 열릴지도 모를 일이다. 휴전선을 넘나드는 남북 교류란 어떤 식으로든 요동을 치게 마련이다. 정부 차원의 휴전선 넘나들기는 속도를 내기도, 잠시 멈추기도 할 것이다. 하지만 변하지 않을 사실이 하나 있다.

남북 관계에서 꿈꾸는 다양한 모습 가운데 상당 부분은 한반도가 아닌 단둥이라는 곳에서 이미 30여 년 동안 현재진행형이다. 2019년 가을과 겨울에도 변함없을 것이다. 망각되는 20여 년과 잃어버린 10여 년이 얽히고설킨 세월을 들여다보면 남북 교류의 길은 결코 하나가 아니었다. 이 길이 있고 저 길도 있었다. 그래서 공간도 다양했다.

내 두번째 책은 "압록강의 물결은 흐르고 흐르다 황해에서 대동강과 한강에서 흘러나온 물과 섞인다"[3]고 기록했다. 세번째인 이 글에서 나는 지난 30여 년 동안 한반도 안팎의 사람들이 어떻게 휴전선

---

3) 강주원, 2016, 『압록강은 다르게 흐른다』, 눌민, 11쪽.

과 압록강 사이에서 어울려 살아오고 있는지 그 모습을 담았다. 단둥만을 다룬 것은 아니다. 남북 교류와 만남을 단지 미래의 것으로 상상하지만은 않았다. 남북이 함께 걸어온 역사를 알면 알수록 오히려 현실적인 그림에 다가설 수 있고, 잘못된 기대를 벗어나기 쉽다는 사실을 기록했다.

휴전선을 넘나들던 금강산 관광과 개성공단은 중단 및 재개를 반복하다가 마침내 폐쇄의 길로 들어섰다. 그러나 중·조 국경 지역을 통해 남북을 연결한 길은 생겨난 뒤로 지금까지 끊긴 적이 한 번도 없다. 두 갈래의 여정, 하나가 아닌 두 공간, 휴전선과 중·조 국경 지역에 사람이 늘어나다 보면 남북 평화와 공존의 길은 앞당겨지고 멈추지 않을 것이다.

망각되는 10여 년과 잃어버린 10여 년, 그 다음 10여 년은?

남북 교류와 만남의 역사를 다룬 2019년 전후의 책들에서 아래와 같은 글귀를 종종 보았다.

1998년 남북 간 교류가 없을 때 북한 민화협에 팩스를 보낸 적이 있다.[4]

---

4) 정세현 외, 2018, 『정세현·정청래와 함께 평양 갑시다』, 푸른숲, 157쪽.

남북은 10년 간 교류 협력을 했다. 좀 더 빠른 속도로 가까워지는 방식을 몸에 익히던 순간 교류가 중단되었다.[5]

거기에서 나는 "왜 1998년 이전에 남북 사이에 교류가 없다고 생각하지? 남북이 10년 동안만 교류했다는 근거는 어디에 있지?"라는 의문을 가지곤 했다. 물론 간략하게 서술하다 보면 생략한 면도 있을 수 있겠지만, 그 점을 고려한다 하더라도 내게는 많은 남북 교류와 만남이 누락된 형태로 보인다.

몇 가지 사례만 들추어보아도, 1998년이나 2000년 이전에 남북 교류는 있었다. 금강산 관광과 개성공단만이 교류의 전부가 아니다. 2010년 이후에도 모두 중단된 것은 아니었다. 그런 반문 속에서, 때로는 한국 사회에 망각이 아니라 기억의 오류마저 작동하는 게 아닐까 의심스럽기도 하다. 아래의 글은 한국 사회를 비추는 거울일지도 모른다.

"남과 북의 어린이는 만난 적이 있을까?" 평화 교육을 하면서 어린이들에게 물으면, 어른들이나 만나는 거지, 아이들이 어떻게 만나느냐는 답이 돌아온다. "남과 북은 서로 도운 적이 있을까?" 남북이 서로 도운 적이 있다는 이야기가 나오면 교실이 술렁거리곤 한다. 어린이들에게 1990년대 후반부터 2000년대 중반까지는 없는 시간이나 다름없다. 선생님도 부모

---

5) 정세현 외, 2018, 『정세현·정청래와 함께 평양 갑시다』, 푸른숲, 298쪽.

님도 제대로 알려 준 적이 없으니 어쩌면 당연한 일이겠지만 이럴 때마다 서글픈 마음이 드는 건 어쩔 수 없다.[6]

위의 글이 말하듯, 한국 사회는 남북 교류와 만남을 기억하거나 배우며 살아오지 않았다. 그 점에서는 현재도 별반 다르지 않다. 한국 사회는 새로운 시대, 새로운 남북 교류와 만남을 강조했다. 이전의 역사에서 출발하지 않았다. 그 점에서 나는 이번 원고를 쓰며 시대를 망각되는 20여 년과 잃어버린 10여 년으로 구분하였다.

전자는 남북 교류와 만남의 또 하나의 출발점으로 언급되는 1988년 7·7선언(노태우 정부)으로 거슬러 올라간다. 시기를 좁혀 망각되는 10여 년을 말한다면, 남북 관계가 활발했던 김대중·노무현 정부 시기인 1998년부터 2008년까지를 고려했다. 잃어버린 10여 년은 남북 관계가 경색 국면으로 접어든 이명박 정부 초기인 2008년부터 평창 올림픽이 개최되기 전인 2018년 1월까지를 말한다. 따라서 박근혜 정부와 문재인 정부 초기도 해당한다.

한국 사회에서 휴전선은 극복해야 할 대상이었다. 나 역시 그 점에 동의한다. 하지만 남북 관계의 역사와 미래를 언급할 때 휴전선만을 떠올린다면, 그 결과는 지난 30여 년의 남북 교류와 만남을 간과하거나 망각하게 된다.

이 글은 그동안 사람들의 기억과 기록으로 흩어진 일들을 다시 남

---

6) 이기범, 2018, 『남과 북 아이들에겐 철조망이 없다』, 보리, 237-238쪽.

북 교류와 만남이라는 담론의 장으로 끌어들일 것이다. 무슨 일이 있었는지 들여다볼 것이고, 그 일이 현재에 이르러 무엇으로 기억되는지 살펴볼 것이다. 남북 교류의 미래라는 그림을 그리는 관점에서 벗어나, 현실에서 실천되어 왔고 실천하고 있는 것을 파악해야 한다는 당위성 또한 말할 것이다.

2018년 전후는 또 다른 10여 년의 출발이다. 연구자로서 바람이 있다. 이 시기가 다시 시작된 것이 아니라 남북 교류와 만남이 본격화한 것으로 기록되는 것이다. 더불어, 한국 사회가 한반도 안(휴전선)과 밖(중·조 국경)을 함께 바라보는 10여 년이 되었으면 좋겠다. 남북 관계가 한국 사회에서 기억할 40여 년을 이루기를, 욕심이겠지만 거기에 이 책 또한 작은 보탬이 되기를 꿈꾸어본다.

마지막으로 이 말은 남겨야 할 것 같다. 이 책은 여행 가방을 챙기는 데 전문가가 된 아내에게 부끄럽지 않고, 상의 없이 책 속에서 일화의 주인공으로 등장하곤 했던 아들에게 당당한 아빠가 되려는 인류학 전공자의 글이기도 하다. 그 연구자는 거대한 이론에 기댄 해석에 앞서 현실의 삶이 녹아 있는 사례 그 자체가 지닌 힘을 먼저 믿는다.

2019년 가을
휴전선(서울)과 압록강(두만강)을 오고가는
강주원

북한과 한국의 공존(2016년 8월)

대동강맥주 광고(2016년 12월)

판매되는 북한 그림(2018년 10월)

북한 태블릿(2018년 12월)

남북을 비롯한 전 세계의 다양한 맥주(2018년 12월)

2019년 북한 달력(2018년 12월)

네 집단이 다 모여 있는 양꼬치 식당(2018년 8월)

북한 위화도와 신의주를 연결하는 다리(2019년 5월)

압록강 섬에서 바라본 신의주(2019년 5월)

한국어가 가능한 핸드폰 판매(2019년 5월)

한국 대기업이 건설한 아파트(2019년 5월)

차 례

3부

간과되는 남북 교류와 만남:
또 하나의 중심축인 압록강과 단둥

남북 교류와 만남의 또 다른 길

이 경로들은 남북 교류와 만남의 또 다른 길이다.
30여 년의 역사를 품고 있고 여전히 현재진행형인
것들이다. 중국의 옌지, 훈춘, 투먼, 러시아의 블라
디보스토크 등은 북한과 한국을 동시에 연결하고
있다. 이를 지도에 새기면 그 길들은 더 다양하다.

사람들만 걷지 않았다. 남북의 물류가 흐르는 길이
다. 서울~선양~단둥~신의주~평양의 경로를 통하
면 물건이 서울에서 평양까지 이틀이면 도착한다.
서울과 신의주 사이라면 하루면 충분하다. 반대도
마찬가지다.

휴전선을 가로질러 남북을 연결하는 길은 가다 서
다를 반복했다. 반면에 남북을 연결하는 다른 길은
중국의 고속도로와 고속철도가 건설되며 꾸준히
빨라졌다. 그만큼 서울과 평양은 가까워졌다. 한국
사회가 휴전선에 서 있는 동안, 남북을 연결하는
압록강은 계속 흐른다.

베이징

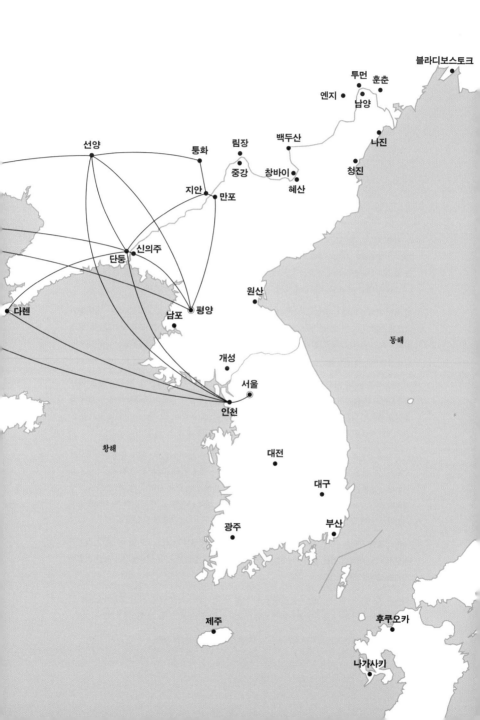

블라디보스토크

투먼 훈춘
엔지 남양
나진
선양 통화 림장 백두산
중강 청진
지안 창바이
만포 혜산

신의주
단둥 원산
다롄 남포 평양 동해

개성
서울
인천

황해 대전

대구

광주 부산

제주 후쿠오카

나가사키

일러두기

* 이 책은 저자가 공저로 참여한 『'나'를 증명하기: 아시아에서의 국적·여권·등록』(한울아카데미, 2017), 『황해문화』(새얼문화재단, 2018 여름), 『단둥: 단절과 이음의 해양도시』(선인, 2018)에 수록된 글 그리고 《프레시안》에 연재한 "강주원의 국경 읽기(2016년 12월 9일자)"와 어린이어깨동무의 《피스레터》(통권 4호와 5호)에 기고한 원고의 일부를 수정·보완하여 포함한 것이다.

* 이 책은 저자의 박사 논문(2012)과 『나는 오늘도 국경을 만들고 허문다』(글항아리, 2013), 『압록강은 다르게 흐른다』(눌민, 2016)의 연장선상에 있다. 이 책은 2018년 전후 중·조 국경 지역의 변화상과 한국 사회와 관련된 두만강과 압록강의 이야기, 한반도와 중국 지역에서 전개되고 있는 남북 교류와 만남의 역사와 현재에 대한 기록과 저자의 생각을 담고 있다.

* 이 책에 나오는 네 집단은 북한사람, 북한화교, 조선족, 한국사람을 말한다. 단둥에 살고 있는 중국사람과 네 집단 모두를 가리킬 때는 단둥사람이란 말을 사용했다. 그들과 삼국(북한·중국·한국)을 일컬을 때에는 약칭과 가나다순으로 나열하는 것을 원칙으로 삼았다. 단, 중·조 국경은 예외인데, 중국 쪽의 국경 지역에서 연구했다는 점을 부각하기 위한 것이다.

* 남과 북을 중립적으로 지칭하기 위해 2000년 한국의 언론사 기자협회, PD 협회 등이 공식적으로 사용하기로 한 용어는 남측과 북측이다. 하지만 이 책에서는 주로 한국과 북한을 사용했다. 이는 한국 사회에서 출판된다는 점과 그 안에서 사용하는 공식 언어와 현실 언어 사이에 거리가 있다는 점을 고려한 것이다. 네 집단의 명칭에 혼란을 줄이기 위한 점도 함께 고려했다. "한국 사회"는 때때로 좁은 의미에서, 남북 교류와 만남에 관련하거나 관심 있는 사람을 지칭하는 의미로 사용했다.

* 책에 수록한 사진은 2000년부터 2019년까지 저자가 직접 촬영한 것이다. 시기별 변화를 보여주기 위해서 이전 책들의 것을 일부 재인용 하였다. 단둥 지역을 촬영한 것이 대부분이라 사진 설명에 지명을 생략한 경우가 있다.

* 책명은 겹낫표(『』)로, 장·절·논문은 홑낫표(「」)로, 신문·영화·잡지·방송 등은 쌍꺾쇠(《 》)로, 그 하위 항목은 홑꺾쇠(〈 〉)로 묶어 표기했다. 인용과 강조 등은 큰따옴표(" ")를 사용하여 표기했다.

* 외국어 및 외래어 표기는 대부분 국립국어원에서 정한 외래어표기법을 따랐다.

1부

남북 교류와 만남:
다시 쓰다, 여전히 상상하다,
그래도 기록하다

어디까지 기록할 수 있는가?:
2010년 5·24 조치 전후

신고와 승인 그리고 일상, 그 사이에서

분단 이후 남북 당국은 정치·군사·외교 면으로 "구체적 대책을 협의한다" 또는 "노력하기로 하였다" 같은 말들로 끝나는 문서를 남겼다. 1971년부터 2017년까지 채택 건수는 239건이다. 물론 실현된 것도 있다. 사람들이 어떻게 만날지 논의한 적도 있다. 노태우 정부 시절인 1991년 12월 남북고위급 회담의 결과물, "남북 사이의 화해와 불가침 및 교류·협력에 관한 합의서" 내용 가운데는 다음 문구가 있다.

제3장 남북 교류·협력 [...] 제17조 남과 북은 민족구성원들의 자유로운 왕래와 접촉을 실현한다.

남과 북의 교류와 만남을 자유롭게 한다는 것이다. 그 이후 실제로 자유롭든 자유롭지 않든 남북의 사람들은 왕래하고 만나왔다. 통일부 홈페이지[7]의 남북교류협력 개관을 보면 "남북 인적 왕래는 1989년 1명을 시작으로 2008년에는 18만 6,000여 명까지 증가"했다고 명시하고 있다.

그런데 세월을 훌쩍 뛰어넘어 25년이 지난 박근혜 정부 시기인 2016년 4월에는 남북의 만남 때문에 문제가 된 일이 있었다. 통일부는 남북교류협력법(약칭) 위반 혐의로 목사 5명에게 각각 200만 원의 과태료를 부과했다.[8] 그들이 위반한 것이 무엇인지 알려면 아래를 참조하는 것이 필요하다.

남북교류협력에 관한 법률 제9조의 2는 "남한 주민이 북한 주민과 회합·통신, 그밖에 방법으로 접촉하려면 통일부 장관에게 미리 신고하여야 한다"고 정해 놓았다. 접촉에서 더 나아가 북에 방문하려면 같은 법의 제9조(남북한 방문)에 따라 "통일부 장관의 방문승인을 받아야 하며, 통일부 장관이 발급한 증명서를 소지"해야 한다. 접촉과 방문을 위한 신고 조항을 어기면 300만 원 이하의 과태료를 부과하도록 되어 있다.[9]

이에 근거한 통일부의 시각에서는 위 단체가 중국에서 북한사람을

---

7) https://www.unikorea.go.kr/ 앞으로 "통일부 홈페이지"를 언급할 때 웹 주소는 같다.
8) 《연합뉴스》 2016년 4월 4일자, "정부, 미승인 北 접촉 목사 5명에 과태료 부과(종합)"
9) 이기범, 2018, 『남과 북 아이들에겐 철조망이 없다』, 보리, 271쪽.

만난 것은 우연한 일이 아니다. 따라서 사후 신고 대상이 아니다. 통일부 장관에게 사전 신고를 하지 않았다는 점이 불법성의 근거이다. 이는 박근혜 정부 시기에만 해당하는 일은 아니다.

융통성 있는 적용이 있을지 모르겠으나, 2019년 한국의 법 테두리 안에서는 남과 북의 사람이 직접 만나는 경우만이 아니라 다양한 형식의 간접적 혹은 우연한 만남은 사전 또는 사후 신고를 해야 한다. 더불어 한반도 밖(예를 들어 중국)이 아닌 북한을 방문하기 위해서는 통일부 장관의 승인을 받아야 한다.

2016년 5월부터 12월까지(박근혜 정부) 접촉 신고 39건, 신고 수리 1건이었던 것과 비교를 할 때 2017년 같은 기간(문재인 정부) 접촉 신고는 207건, 신고 수리는 193건으로 증가하였다. 이 중 실제 북한과 접촉 시도를 한 경우는 총 120건이며 북한은 이 중 73건(12월 31일 기준)에 대하여 팩스 또는 이메일 등을 통해 응답해왔다.[10]

북 주민 접촉, 여기에서 접촉의 뜻은 남북 주민이 서로 정보나 메시지를 보내고 받는 과정을 말한다. 이때 방법·수단·장소를 가리지 않고 서로 어떤 형태로든 특정 내용을 주고받았다면 접촉으로 여긴다. 북 주민을 직접 만나는 것은 물론 제삼자를 거치는 것도 마찬가지다. 전화·우편·팩스·전자우편 같은 통신 수단으로 나눈 이야기도 접촉에 들어간다.[11]

10) 통일부, 2018, 『2018 통일백서』, 통일부, 60-61쪽.
11) 이기범, 2018, 『남과 북 아이들에겐 철조망이 없다』, 보리, 59쪽.

이 법은 1990년 제정 공포된 이후 남북 관계의 변화 또는 남북경협의 활성화 시기에는 규제와 절차가 간소화되기도 하였다. 하지만 2010년부터는 5·24 조치를 근거로 통일부 장관이 남북의 만남을 대부분 허락하지 않았다. 2018년 이후에도 이 법은 존재하기 때문에 통일부 장관이 경우에 따라 방북을 승인하거나 허락하지 않는다.

> 통일부가 한 차례 연기 결정 끝에 개성공단 기업인 193명의 방북 신청을 오늘(17일) 승인했습니다. 지난 2016년 2월 개성공단이 문을 닫은 지 3년 3개월 만으로 기업인들의 방북 신청은 이번이 9번째였습니다. 함께 방북을 신청한 정치인 8명은 승인 대상에서 제외됐습니다.[12]

1991년 남북이 실현하기로 한 "자유로운 왕래와 접촉"은 위의 글에서 나타난 모습이 아니었을 것이다. 그러나 2019년 현재에도 접촉·신고·(방문) 승인 등의 말로 구성한 법 적용 하에서, 한국 사회는 남북 교류를 꿈꾸고 북한사람을 만나고자 한다. 뭔가 진한 아쉬움과 긴 세월의 무게감이 느껴진다.

위의 법을 지키려면 복잡하다. 우선 북한사람을 만나기 전에 먼저 거쳐야 하는 절차와 단계가 있다. 한반도 밖에서 만남은 신고 면제 대상의 경우도 있지만, 북한주민접촉신고서(사전)와 북한주민접촉결과보고서(사후)를 통일부에 제출해야 한다. "외국 여행 중에 우발적으

---

12) 《SBS 8 뉴스》 2019년 5월 17일자, "폐쇄 39개월 만에 개성공단 방북 승인"

로 북한 주민과 접촉"도 사후 신고를 해야 한다.

북한을 방문하려면 노력과 시간은 더 필요하다. 통일교육원 홈페이지에 회원 가입을 한 뒤, 사이버교육 페이지를 찾아서 3시간짜리 방북 교육 강의를 이수하거나 특정 장소에서 "집합교육"을 받아야 한다. 그러고 나서야 통일부 장관의 승인을 얻는 절차에 들어간다.

접촉 신고를 한다고 해서 다 만나는 것도 아니다. 약속 장소와 전화번호만 있으면 성사가 되는 그런 만남은 물론 아니다. 위의 예에서 보듯, 접촉 신고는 207건이지만 신고 수리된 것은 193건이다. 어떤 방식이든 실제로 시도한 것은 거기에서 다시 120건이다. 최종적으로, 만남에 대한 북한의 응답은 다시 줄어 73건이다. 위의 통계만으로는 실제로 몇 건이 성사되었는지는 알기 어렵다.

이와 같이 한국 사회에서는 북한사람을 만나거나 만났던 일을 혼자 기억으로 남겨서는 안 된다. 통일부가 제시한 단계를 밟지 않으면 일상적(경제적) 만남이라도 추후 위법의 소지가 생긴다. 나아가 또 하나의 법, 국가보안법도 존재하는 사회이다. 그렇다면 1990년 전후부터 한국 사회는 남북 교류와 만남에서 늘 신고와 승인이라는 통로만을 통했을까?

나는 질문한다. 통제와 규제에 익숙하다 보니 한국 사회는 예외를 떠올릴 수 없는 건 아닐까? 남북 사이에 신고하지 않은 만남, 심지어 일상적인 만남이 지난 30여 년 동안 없었단 말인가? 한반도 내 상황만을 고려하면 그렇다고 말할 수 있다. 하지만 남북의 사람들은 한반도 안에서만 만나지 않았다.

최소한의 구조와 문화라도 남기자!

2019년 현재 통일부 홈페이지는 주요 사업으로 "남북 교류협력"을 소개하며, 그 아래 "교역 및 경협" 항목에서 다시 하위 항목으로 "교역 및 민간 경협 사업" "당국 간 경협 사업" 그리고 마지막으로 "5·24 조치의 이행"을 소개한다. 거기에서 서술은 과거가 아니라 현재진행형이다. 2010년에 발표한 내용 그대로다. 2018년 이후 남북 관계는 변화가 있었다. 하지만 약 2년 동안 통일부는 이를 보완하거나 수정하지 않았다. 역사가 현재를 대신하는 격이다.

2016년 2월 폐쇄된 개성공단을 생각하면 "개성공단은 동 제재조치의 예외"라는 서술은 현재에 어울릴 수 없다. "우리 국민의 방북 불허"와 같이, 방북이 경우에 따라 승인되는 현재(2019년)에 이르러 어느 정도 유명무실화된 내용도 있다. 그러나 마지막 문장 "제재조치는 일관되고 단호하게 이행해 나간다는 방침이다"는 2019년 가을에도 유효하다. 이렇게 내용과 현실이 엇박자인 5·24 조치가 여전히 통일부 홈페이지를 채우는 것이 한국 사회다. 그렇게 살아온 것이 약 10년이다.

2010년부터 연구에서 나는 신고와 승인 외에 다른 하나를 염두에 두어야 했다. 5·24 조치의 내용 가운데 "남북교역 중단"과 "위반"이다. 중국에서 남북 만남의 대부분은 남북교역이 그 매개이다. 5·24 조치 이후에 한국 정부는 이를 공식적으로 불허했다.

하지만 사람들은 어떤 식으로든 남북을 연결하는 경제 활동을 이어가고 있다. 그런 상황을 알기에 "남북 교류 대부분을 불허하는 시기에 한반도 밖이라지만 멈춘 적 없는 남북 만남을 어디까지 글로 남길 수 있을까?"라고 고민하지 않을 수 없었다. 국가보안법도 연구의 장애물로 다가왔다.

서울시 공무원 간첩 조작 사건은 2013년 국가정보원이 서울시청에 근무하던 탈북자 출신 공무원 유우성 씨가 간첩 활동을 했다고 주장하며 불거진 사건이다. 이후 재판 과정에서 국정원의 증거 조작이 드러나 큰 충격을 주었다.[13]

한국·북한·중국 삼국 무역이 이뤄지는 단둥의 특성을 이용해 대북 사업가들을 간첩 함정에 빠뜨린다는 공작과 조작의 증언들.[14]

위의 일들은 2010년부터 2018년 사이에 일어났다. 하나는 간첩 혐의에 무죄가 확정된 사건이다. 중·조 국경을 넘나드는 일이 어떻게 간첩으로 조작될 수 있는지를 보여주는 일이다. 다른 하나는 단둥의 상황이 실체가 없는 간첩 공작에 이용될 수 있음을 알게 한 예이다.

위의 일들이 드러내는 한국 사회의 한 단면은 2006년 가을 단둥에서 현지 조사를 시작할 때만 해도 심각하게 고려하지 않았던 것이

---

13) 《JTBC》 2018년 5월 17일자, "스포트라이트 서울시 공무원 간첩조작 사건"
14) 《JTBC》 2018년 5월 17일자, "스포트라이트, 간첩이 된 남북 사업가들"

다. 2010년 이전의 연구를 기반으로 쓴 박사 논문과 첫 책[15](2013)을 쓸 때도 큰 문제는 없었다. 하지만 2010년 이후가 주된 배경인 두번째 책[16](2016)에서는 상황이 변했다.

그런 사례들을 염두에 두지 않을 수 없었다. 한편으로 연구자로서 기록을 남기는 것이 역할과 의무라고 생각했다. 그런 시대적 흐름에서 내가 선택한 것은 최소한의 구조와 문화라도 남기자는 것이었다. 그 중 하나가 아래의 만남 장면이다.

공장 주차장에 도착한 우리들 가운데 나와 한국사람 C는 차에서 기다리겠다고 말했다. 그곳에는 북한 해외노동자들이 있다는 사실을 알고 있는 나로서는 어쩔 수 없는 선택이었다. 대신에 나의 카메라를 주면서 무언의 부탁을 했다. 창밖 너머 20대 초반으로 보이는 북한 여성노동자 몇 명이 지나가는 사이에 미국 국적인 재미동포와 조선족만이 중국 공장으로 들어갔다. 견학과 상담을 마친 재미동포는 차에 타자마자 "평양뿐만 아니라 단둥에서도 북한 노동자의 저렴한 노동력을 활용할 수 있다는 사실을 눈으로 확인했다"고 조용히 이야기하면서 계약상 필요해서 찍은 사진들을 보여주었다. 카메라 화면에는 북한 해외노동자들이 "별들만이 안다!"라는 문구 아래에서 옷들을 만들고 있었다. 조선족 C는 내 마음을 알았던 것 같다. 공식적으로 내가 들어가지 않은 공장의 북한 해외노동자들이 만든 북한식 김치 한 포기를 포장해 왔다. 나는 그들이 담근 김

15) 강주원, 2013, 『나는 오늘도 국경을 만들고 허문다』, 글항아리.
16) 강주원, 2016, 『압록강은 다르게 흐른다』, 눌민.

치 맛만 보았지만 그들은 한국에서 판매될 옷을 만들고 있었다.[17]

그렇듯 나는 5·24 조치를 벗어나지 않은 범위 안에서, 간접적인 방식이더라도 그들이 살아가는 모습을 기록하고자 했다. 개성공단마저 폐쇄되던 2016년에 남길 수 있는 것은 그 정도가 한계라고 스스로 생각했다. 그리고 그 기록을 그해 10월에 출간했다.

독자들은 "인류학자인데 정말 공장에 안 들어갔나요?"라고 묻는다. 대답은 "안 들어갔다"는 것이어야 했다. 돌이켜보면, 연구 대상을 보호해야 하는 책임을 느꼈다. 어쩌면 나 스스로 자기검열이 심했다는 생각도 2017년 여름부터 아니 2018년 1월부터는 곧잘 한다.

그렇지만 "지금은 괜찮다고 할 수 있더라도 북한 연구에서 가장 주의할 점은 남북 관계가 어떻게 바뀔지 모른다는 것을 명심해야 한다"는 점을 다시 세미나장에서 들었던 것이 2019년 6월이다. 그날 밤 북한 해외노동자와 김치 사례를 다시 쓴다면 어디까지 구체적으로 기록할 수 있을지 자문했다. 그 대답을 위해서는 그때와 현재의 상황을 비교해봐야 했다.

2010년 이전에는 경제적 목적으로 단둥에서 한국사람이 북한사람을 만나고 나서 북한주민접촉신고서(사후)를 제출하면 큰 문제가 없었다. 하지만 2010년 이후는 상황이 변했다. 한국사람인 대북 사업가가 "교역을 목적으로 긴급히 북한 주민과 접촉"한 뒤 북한주민

---

17) 강주원, 2016, 『압록강은 다르게 흐른다』, 눌민, 57쪽.

접촉 사후신고 대상에 해당된다고 판단해 북한주민접촉신고서(사후)를 남북교류협력시스템에 제출하면 마무리가 이루어지지 않는다. 5·24 조치의 "남북교역 중단"을 위반했다고 자진 신고한 꼴이 되는 것이다.

2019년 현재도 마찬가지다. 나는 법 전문가는 아니다. 하지만 2015년 전후라면, 한국사람 C가 실제로 북한사람과 직접 대면하는 접촉이 있었다고 해서 책으로 옮길 때, 위반 현장을 스스로 드러내는 꼴이 되고 만다.

춘향전에서처럼 방자와 향단이(중개인 혹은 제3자)를 사이에 두어 간접적으로 의사를 교환하는 방식이라 하더라도 법 위반에 해당하는 현실이었다. 그동안 남북 정상이 네 번이나 만났지만 그때나 다를 것이 없다. 그래도 나는 참여관찰한 내용과 기록 사이의 줄타기를 시도해보기로 마음먹었다.

처음에는 공장 주차장에 도착한 우리들 가운데 나와 한국사람 C는 차에서 기다리겠다고 말했다. 그곳에 북한 해외노동자들이 있다는 사실을 미리 알고 있었기 때문이다. 어쩔 수 없는 선택이라고 생각했다. 그렇지만 의논 끝에 최종적으로 나, 한국사람 C, 조선족 C는 북한 해외 노동자를 활용할 생각이 있는 미국 국적인 한국사람 L과 함께 중국 공장에 들어가기로 결정했다. 조선족 C는 그들의 간식거리로 사 온 과일 상자를 차에서 내렸다. 차에서 내릴 때 20대 초반으로 보이는 북한 여성 노동자 몇 명이 지나갔다. 때마침 점심시간이라서 작업 공간은 비어 있었다. 함께 간 일행과 나는 작업대에서 만들어지고 있는 옷의 품질, 완성된 제품들이 수출될 나라(미국, 일본, 한국)가 표시된 상자에 담겨 있는 모습, 벽면에 "별들만이 안다!"라는 문구가 걸려 있는 상황을 볼 수 있었다. 작업 공간이 창문 너머로 보이는 사무실로 이동한 우리는 중국 직원들을 소개받았다. 그러나 그들 가운데 커피를 타준 20대 중후반으로 보이는 여성의 목소리는 사무실에 있는 내내 들을 수가 없었다. 공장 관계자인 중국사람도 그녀에게 말을 건네지 않았다. 그곳에 있는 사람들 모두 그것이 예의라고 생각하는 것 같았다. 재미동포 L이 사무실에서 아동복 주문 계약을 하는 동안 나는 그들의 생활공간이 모여 있는 2층으로 올라갔다. 그곳에서 그들의 노동 전후의 삶을 읽기 위해 노력했다. 문이 잠겨 있지 않은 그들의 숙소와 일상이 펼쳐지는 공간과 쓰고 입고 사용하는 물건들에서 눈길을 뗄 수가 없었다. 낯익은 상표들이 보였다. 마지막으로 점심시간의 끝자락에 그들이 빠져나가고 없는 식당에 가서, 그들이 먹었던 반찬과 국, 그들이 담갔다는 김치가 차려진 밥상을 대접받았다. 주변에 그들이 금방 사용했던 식기류들이 있었다. 그들이 먹었던 음식들 일부가 그대로 남아 있었다. 그들의 생활상을 조금이나마 알 수 있었다. 공장을 나서기 전 식당 요리사에게 부탁해서 김치를 사진으로 찍었다. 공장 밖에 있는 김치 저장 공간도 카메라에 담았다. 재외국민이 아닌 재미동포 L은 중국 사장에게 그들에게 줄 간식거리를 사지 않고 빈손으로 왔다고 말을 꺼냈다. 그는 잘 부탁한다는 마지막 인사를 나누면서 중국 돈이 담긴 봉투를 주었다. 그날 저녁 조선족 C는 우리와 약속을 취소했다. 그는 "몇 명(북한 여성노동자)의 생일을 기념해야 한다"고 말했다. 공장 앞마당에서 구울 고기와 술을 차에 실어주고 그가 다시 공장으로 떠나는 모습을 지켜보았다. 백 명이 먹어도 충분한 양이었다. 다음 날, 저녁을 먹으러 간 식당에서 그가 다른 여성들과 식사를 하는 걸 보았다. 전날 공장에서 얼핏 본 얼굴들이었다. 함께 야식거리를 사러 나왔다고 말했다. 그가 그녀들에게 나에 대해 "저 친구, 연변에서 온 조선족인데"라고 말하는 소리가 들렸다. 옆 테이블에 앉은 나는 열심히 고기를 구웠다.

다시 쓰기를 했다. 아니 새롭게 쓰기를 했다. 하지만 나는 여전히 연구자의 사명감보다는 연구대상(예를 들어 한국사람 C)의 보호와 함께 내가 살아가는 한국 사회를 더 의식하고 있음을 느낀다. 그래서 "2019년 다시 쓰기는 여기까지"라고 나 자신에게 말한다.

이 작업을 하면서 내가 쓴 책의 다른 부분을 오랜만에 다시 읽어보았다. 사실을 왜곡하지 않았다. 다시 써도 될 내용, 더 풍부하게 묘사해도 될 장면에 자꾸만 눈길이 멈춘다. 북한사람이 담근 김치를 먹었던 그 공장은 그 이후에도 여러 번 방문했다. 2016년 나의 글쓰기가 아쉽다.

그렇지만 그때는 그것이 최선이었던 시절이고, 남북의 만남을 있는 그대로 모두 기록하는 것은 위반이라는 사실을 떠올릴 수밖에 없는 상황이었고, 지금도 별반 다를 것은 없다는 옹색한 변명을 하면서 두 번째 책을 덮는 나를 발견한다. 2019년 한국 사회에서 남북 사람의 관계맺음을 연구한 내용 가운데서는 어디까지 책에다 남길 수 있을

북한 해외노동자가 담근 김치(2014년 12월)

북한 해외노동자의 김치 저장고(2016년 3월)

북한 해외노동자의 기숙사 내부(2016년 3월)

북한 해외노동자의 식당(2016년 3월)

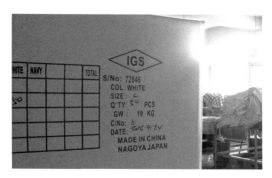

북한 해외노동자가 만든 옷의 판매 국가를 알 수 있는 박스(2016년 4월)

지 고민한다. 이런 나에 대해 2019년 한국 사회를 살아가는 사람들
은 지나친 자기검열이라고 말할지 아닐지 궁금하다.

작은 통일의 공간, 개성공단을 나만의 방식으로 읽기

금강산 여행에서 남북의 사람이 만났던 방식은 기본적으로 10여 년
동안 약 200만 명의 한국 여행객과 그들을 상대하는 북한 해설원 혹
은 호텔이나 식당에서 일하는 종업원의 관계이다. 그리고 군사분계선
을 넘을 때 등장하는 북한 군인, 차창 너머로 지나가는 북한 주민 그
리고 교예단(서커스) 공연의 북한 배우들이다.[18]

　금강산으로 여행객만 간 것은 아니었다. 금강산은 이산가족 상봉
과 남북이 공동 주최한 각종 행사와 기념식에서 남북의 사람들이 만
난 공간이었다. 또 다른 성격도 있었다. NGO 단체, 사업가, 방송 관
계자, 정부 관료 등도 베이징을 경유해 평양에서 협의하는 것 이외에
금강산에서도 서로 만났다.

　그런 만남의 공통점은 대부분 일회성에 그친다는 점이었다. 물론
신계사 복원 과정에 참여한 불교계와 건축계 사람들, 현대아산 직원
(한국의 투자 기업은 49개) 등은 금강산에서 일상적인 만남을 이어갔을
것이다. 거기에는, 당연히 북한사람으로 여겼을 버스 기사, 장사꾼, 온

---

18) (사)남북경제협력포럼, 2018, 『금강산, 평화를 마중하다』, 세창미디어 참고.

천탕 직원 같은 사람들이 실제로는 조선족인 경우도 있었다.

개성공단이 본격화하기까지는 많은 협상과 풀어야 할 남북의 벽들이 산재했었다. 하루아침에 남북 당국이 결심해서 뚝딱 등장한 것이 아니다.[19] 개성공단에서 제품을 내기까지 길게 잡아 약 16년의 시간이 걸렸다. 개성공단의 발자취를 들여다보면, 한 단계에서 다음 단계로 넘어가는 것은 만만한 일이 아니었다.

1989년 정주영(고 현대그룹 회장)의 방북에서 꿈꾸기 시작한 남북 경제협력이었다. 10년 가까이 지난 1998년 12월 재방북에서 논의를 시작했다. 다시 2년 남짓 지난 2000년 8월에 개성공단 합의서를 체결했다. 또 약 3년이 흘러 2003년 6월 건설 착공식을 했다. 약 18개월 후인 2004년 12월에 기업이 입주하고 공장 가동과 생산 활동을 시작해 첫 제품이 나왔다.

2005년부터 꾸준히, 참여하는 한국 기업은 증가했다. 2008년 이명박 정부 이후에는 우여곡절을 겪다가 박근혜 정부 때인 2013년 4월부터 8월까지는 중단되었고, 마침내 2016년 2월 폐쇄의 운명을 맞았다. 되돌아보면, 생산이 이루어진 기간은 약 10년이다. 그런 개성공단은 한국 사회에서 상징적 이미지를 지닌다.

2005년 수천 명의 개성공단 북한 근로자들은 매일 같이 초코파이를 먹으며 일을 하게 되었다. [...] 근무 시작 전에는 반드시 남한의 인스턴트

---

19) 김병로 외, 2015, 『개성공단: 공간평화의 기획과 한반도형 통일프로젝트』, 진인진.

커피를 마셔야 하고, 초코파이와 라면의 맛에 길들여졌다.[20]

초코파이 외에는 더 없을까? 한국 사회에서 개성공단은 정치·경제적 측면만 부각된 면이 있다. "날마다 작은 통일이 이루어지는 기적의 공간"이라는 부제의 『개성공단 사람들』(내일을 여는 책, 2015)은 남북 만남의 일상을 생생하게 기록하며 한국 사회에서 개성공단의 의미를 다시 생각하게 했다.

나는 개성에 관광으로 한 번 다녀왔다. 그들을 만나보지도 않았다는 한계도 있다. 그래서 개성공단의 다양한 위치에서 근무한 한국사람의 체험을 구술로 이끌어낸 이 책이 무척 소중했다. 나아가 "남과 북의 사람이 머리를 맞대고 몸을 부대끼며 함께 한 개성공단"의 만남을 재구성해보고 싶었다.

이를 위해 다시 읽으며 정리했다. 먼저, 긍정적이든 부정적이든 남북 만남의 개인적 해석과 설명은 제외했다. 내게 필요한 것은 개성공단이라는 공간이었다. 정리하고 간추리니, 개성공단에서 펼쳐졌던 일상의 단면들이 나타났다. 그 결과를 옮겨보겠다.

책에 기록된 남북 일상의 만남을 중간 생략 부호([...])를 사용하지 않고 발췌했다. 편의상, 사람들의 경험을 구분하지 않았다. 책에는 그들 각자의 특색 있는 어투가 있다. 하지만 여기에서는 내용이 훼손되지 않는 범위 내에서 문체를 조금씩 바꾸었다. 내용의 효과적인 전달

---

20) 정은미, 2015, 「남북 근로자의 상생, 갈등, 그리고 변화」, 『개성공단: 공간평화의 기획과 한반도형 통일프로젝트』, 진인진, 235–258쪽.

을 위해 내가 파악한 내용을 소괄호 안에 넣었다.

사전 지식으로, 2005년에는 약 6,000명과 약 500명의 만남이었다. 북한 근로자 규모가 늘어나면서 2011년~2015년에는 매년 북한 근로자 약 5만 명과 한국 근로자 약 800명의 만남이 있었다.[21] 내가 임의로 요약한 아래 내용은 2004년 전후부터 2015년 초반 사이에, 시기는 각기 다르지만 개성공단에 근무했던 9명의 한국사람이 기억하고 경험한 남북 만남의 장면이다.

사회학자 또는 심리학자, 문화 전문가들도 파견은 없었다. 상대한 대부분의 북한사람은 민경련과 같은 대외경제 일꾼들이다. (자신의 경험에 국한된 지엽적인 이야기임을 전제하며) 북측 근로자는 대부분 고졸 이상이었고, 남측 엔지니어들은 중졸 학력이 많았다고 한다. (개성공단에서 성공한 회사의 모범 사례를 언급하며) 현지 법인장과 주재원들은 눈이 오나 비가 오나 변함없이 출근하는 북측 근로자 한 명 한 명에게 아침 인사를 했다. 개성공단도 해외라고 해외 근무수당도 받았다. 위험 지역이라고 보험도 들어주었다. 개성공단에 처음 들어갈 때 정부의 안보 교육을 받았다. 쉬는 날에는 아이스크림을 사서 같이 나눠 먹기도 하였다. (친해지면) 아이를 키우는 근로자들이 약품을 구해달라며 후시딘 밴드라고 쓰인 쪽지를 (한국사람) 책상 위에 두었다. (약품을) 책상 위에 놓아두면 나중에 (북측 근로자가) 가져갔다. 인물 사진이 아닌 다른 사진을 보여주면 안 되었다. 공

21) 정영철, 2017, 『평화의 시선으로 분단을 보다』, 문예원, 172쪽.

단 안에는 평양 식당이나 봉동관, 중식당, 당구장, 노래방 등 여러 편의 시설들이 있었다. (워낙 인기 있던 사람인) 주재원 중에는 공단에 있는 식당의 북측 봉사원들과 친해져 그 사람 생일에 케이크를 갖다 주고 봉사원들이 노래를 부르는 생일파티를 함께 열기도 했다. 개성공단에도 교회가 초창기부터 있었다. 외관상 교회로 드러나지 않았을 뿐이었다. 신앙생활은 남측 주재원의 몫이었다. 개성공단에는 없는 업종이 없었다. 주재원들은 보통 1~2주일에 한 번 나오는데 회사대표는 당일치기로 다녀왔다. (한국과 연락은) 전화와 팩스를 이용했다. 전화비는 1분당 400원이었다. 휴대폰은 개성공단에 가지고 들어갈 수 없다. TV는 나왔다. 평양식당을 비롯해 북측 음식과 술을 마시는 곳도 있고 남측이 운영하는 식당도 있다. 중식당과 일식집, 맥주집도 있었다. 봉동관이라고 북측이 직접 운영하는 식당은 (2010년) 5·24 조치 이후 남측 당국에서 주재원들의 이용을 막았다. 오픈된 공간에서 일하며 기본적인 안부를 묻는 정도의 대화가 일상적이었다. (여성 근로자는) 출근할 때 (탁아소에) 아이를 맡기고 오전에 한 번 젖을 먹이고 오후에도 한 번 먹였다. 행사 때 기업별로 (노래) 경연 대회를 열기도 하였고 점심시간에는 거의 배구를 했다. 대체로 남자들이 참가하고 여자들은 응원했다. 남측 주재원들은 구경하거나 휴식을 취했다. 2014년까지 초코파이와 커피믹스를 주었다. 2015년부터는 일체 금지했다. 북측 사람들은 회사에서 아침저녁으로 총화를 하였다. 북측에서는 남측 주재원과 접촉할 수 있는 사람이 주로 직장장이나 작업반장 등 조장급 이상을 맡았다. 인터넷은 안 되었다. 북측 직원들끼리 교육을 받을 때나 식사할 때도 남측 주재원들은 들어갈 수 없었다. 북측 근로자들에게는 통근버스가 있었다. 북측 근로자에게 직접 뭔가를 주는 것은 금지했다. 업무상 직접 접촉할 수 있는 여건이라면, 살짝 (예를 들어 화장실에 물건을 놓고 가는 식으로) 전달할 수 있었다. 우리 회사에는 화장실에 비데까지 설치되어 있고 직원들에게 보디로션, 샴푸, 비누 등을 제공했다. 과자나 빵, 음료수 같은 것을 차려놓고 함께 나눠 먹고 하기는 하였다. 답례로 고구마를 쪄 온다든지 사과를 갖고 온다든지 했다. 육로를 통해 개성으로 직접 간 것이 2004년 착공식 때였다. 그 전까지는 평양을 통해서 갔다. 초창기 몇 달 동안은 북측 사람들과 같이 생활하다시피 했다. 밥도 구내식당에서 같이 먹었고 술도 같이 먹었다. (2008년 6·15 선언 기념 식사) 이후부터 북측 당국자들과의 공식적인 식사는 모두 금지되었다.[22]

이외에도 책 곳곳에는 서로 간의 문화(언어, 습관) 차이로 인한 갈등과 오해, 서로를 알아가고 이해하는 노력, 서로에게 배우는 모습, 편견과 선입견이 때로는 허물어지고 때로는 만들어지는 과정, 애증이 교차하는 경험, 같음보다는 다름을 더 알아가는 사례, 공단의 다양한 시설(우리은행, 마트, 이발소)에서 일하는 북측 근로자가 있음을 알 수 있다. 공단 근처에는 학생들의 노랫소리가 울리는 학교도, 공단의 안과 밖을 경계 짓는 연초록 펜스도 있었다.

사실만 표현한 부분을 줄이고 다시 줄였다. 그래도 남북 만남의 모

---

22) 김진향 외, 2015, 『개성공단 사람들』, 내일을 여는 책.

습과 각자 일상생활을 엿볼 수 있는 내용이 많다. 솔직히 말해 사람들이 "초코파이로 이룬 작은 통일"이라고 말할 때마다 나는 거기에서 뭔가 부족함을 느끼며 안타까움과 아쉬움이 남았다. 어떤 책에서는 "개성공단 납품용 초코파이는 따로 만든다고 들었어요"라는 말을 보았다. 이를 잠시 접어두고 요약한 부분을 여러 번 읽으면서 나는 "아! 그들은 그때 그렇게 살았구나!"라고 생각하였다.

한편으로는, 앞으로 개성공단이 다시 열리면 한국 사회가 부딪치게 될 일상의 만남이 어떤 것일지 짐작하게 해주었다. 만날 것만 기대하지 않고 그 준비에서 무엇을 해야 할지 생각하게 했다. 개성공단이 운영된 10여 년 동안 해결하지 못했던 과제가 무엇인지 파악하게 해주었다.

다른 면으로는, 개성공단 재개 이후에 무엇을 해결해야 할지 미리 알게 했다. 반면 이 글에서 개성공단이 재개까지 시간이 얼마나 걸렸는지, 다시 만나 남북의 근로자들이 같은 공간에서 함께 밥을 먹기까지 또 얼마나 걸렸는지 기록은 미완으로 남겨둘 수밖에 없겠다. 갈 길이 멀게 느껴지는 것도 사실이다.

언제까지 상상해야 될까?:
2018년 전후에도

남북, 만나지 않았음 혹은 만나왔음

2010년 5월(5·24 조치)과 2017년 12월(2018년 김정은 위원장 신년사 이전) 사이에도 개성공단 이외에 민간 차원의 협상과 방북은 기록으로 남아 있다. 하지만 상황을 강조하는 과정에서 모 아니면 도라는 식의 이분법적 표현을 사용하는 글들이 많다. 그 시기 남북 교류와 만남에 대한 한국 사회의 지배적인 인식과 표현을 모아보았다.

남북교역이 전면 중단되었다. 우리 국민의 방북 불허도 5·24 조치의 주요한 내용 중 하나이다. [...] 개성공단도 2016년 2월 박근혜 정부의 일방적인 결정으로 폐쇄되고, 이후 남북 관계는 완전한 암흑기에 들어

갔다.[23]

(남북경협 기업인들은) "2016년 2월 드디어 마지막 남은 개성공단마저 중단되며 이로써 모든 남북 관계는 단절되었다"고 꼬집었다.[24]

(2017년) 인적이 끊긴 남북의 길, 하늘길, 바닷길, 땅길이 모두 사라졌다.[25]

간혹 "사실상"이라는 전제가 붙을 뿐, "전면" 혹은 "완전한"이라는 말로 잃어버린 10여 년의 시기에 남북 교류와 만남을 부정하는 표현이 많다. 그 때문에 그 시기에 남북 교류와 만남이 있었다고 생각하기 어렵다. 위의 글처럼 남북 관계를 단정한다면 그 이상 무엇을 상상하겠는가?

그처럼 한국 사회가 남북 관계를 단절로 기억하던 때 나는 베이징 공항(서우두)에 머문 적이 있다. 2017년 12월 어느 날이다. 2018년 1월 북한의 신년사 발표 전이다. 2017년에만 네번째이자 매번 "한층 강화"된 수식어가 붙는 대북 제재 결의안(12월 22일)이 발표되기 며칠 전이다. 그러니까 너도나도 "한국 사회가 전쟁과 평화의 갈림길에 서 있다"고 말하던 때였다.

---

23) 진천규, 2018, 『평양의 시간은 서울의 시간과 함께 흐른다』, 타커스, 6쪽.
24) 《통일뉴스》 2017년 1월 24일자, "설 전후 남북경협 기업 피해보상 나올까?"
25) 정영철, 2017, 『평화의 시선으로 분단을 보다』, 문예원, 207쪽.

그날 오전 11시쯤 인천행 비행기 탑승구 앞에 앉아 있다가, 알고는 있었지만 직접 확인하지 못했던 장면을 보았다. 2010년 이전 방북 경로가 한눈에 들어왔다. 몇 장의 사진을 찍은 뒤 메모장에 "9번 게이트 앞이다. 유리창 너머 한국에서 온 대한항공 승객이 내리고 있다. 타고 갈 비행기가 왔다고 생각을 하는 순간 나의 눈길을 사로잡는 것은 바로 옆 게이트 10번이다. 고려항공이 평양으로 갈 승객들을 태우려고 준비하고 있다"라는 짧은 글을 급하게 써내려갔다.

추가로 "한반도 미래 혹은 통일 미래와 같은 청사진을 논의하는 것은 중요하다. 하지만 그런 일들은 합의한다 해도 현실화까지 상당한 시간이 필요하다. 그 전에 이와 같은 두 비행기의 환승 구조를 이해하고 다시 본격적으로 연결하는 노력도 남북 교류를 앞당기는 작업이다"고 혼잣말을 옮겨 적었다. 대한항공에 탑승해서도 옆에 나란히 선 고려항공을 내다보았다. 2017년 겨울, 남북 관계에서 기록할 수 없는 장면을 상상해보았다.

2017년 겨울, 북한사람과 한국사람이 북한 식당에서 만난다. 그들은 계속 강화되는 대북 제재를 안주 삼아 술을 한잔 나눈다. 자식들 사진을 경쟁적으로 보여주면서 자랑을 늘어놓는다. 자리를 마칠 때쯤 북한사람이 "15년 전 금강산에서 남쪽 사람이 불렀던 노래인 정지용의 향수를 부르고 싶다"는 말에 한국사람은 핸드폰으로 반주를 찾았다. 같이 일어나 손을 잡고 합창으로 마무리한다. 2차는 훗날로 기약하고 헤어졌던 그들은 다음 날 베이징의 어느 호텔에서 다시 만난다. 전날에 이어, 못 다

한 사업 이야기를 나누며 함께 아침 식사를 한다. 태워다 주겠다는 북한 사람의 계속되는 권유에 한국사람은 거절할 수 없다. 한국사람은 북한사람이 운전하는 자가용에 탑승해 공항으로 향한다. 함께 탄 차에서 팝송이 계속 흘러나온다. 북한사람은 웃으며 "라디오"라고 말한다. 이에 한국사람은 "그러네요, 라디오이긴 한데 중간 중간 사람 목소리가 없네요. 중국 라디오 방식인 것 같네요"라고 맞장구를 친다. 서로 한바탕 웃다 보니 어느덧 공항에 도착한다. "내릴 거 없다"고 말하는데 북한사람은 차에서 내린다. 다시 만날 것을 기약하며 그들은 포옹한 뒤 헤어진다.

다시 말해서 위의 장면, 남북 사람들이 대북 제재 하에서도 만나 식사에 술을 곁들이며 가족 이야기를 나누고 서로 입장 차이를 비교하는 대화의 배경은 정확하게 2017년 12월이다. 그때의 남북 관계와 대외 정세를 고려한다면 소설 같은 이야기일 뿐이라고 여기는 사람이 많을 것이다.

남북 만남을 한반도에 국한해서 기억하고 이야기하는 시각에서 이는 현실의 한 장면이 아니고 상상 그 자체일 것이다. 아니면 한비야 (국제구호활동가)의 책에서 "(2000년 가을) 우리 반 북한 아저씨"[26]로 소개된 남북 만남처럼 어쩌다 읽을 몇 안 되는 사례라고 말할 수 있다. 그렇지만 나는 고개를 젓는다.

때로는 현실이 더 소설 같고 영화 같다. 「최소한의 구조와 문화라도

---

26) 한비야, 2001, 『중국견문록』, 푸른숲 참고.

서울에서 선양으로(2019년 5월)

베이징 공항에 대한항공과 고려항공이 나란히 있다(2017년 12월)

남기자!에서 언급했지만 5·24 조치 이후 2010년부터 현실을 구체적으로 기록할 수 없던 한국 사회다. 그로 인해, 남북이 만나왔음에도 한국 사회는 만나지 않았음 또는 "전면 중단"으로 기록했다. 2010년과 2017년 사이에도 남북 교류와 만남은 있었다. 기록할 수 없는 것이었을 뿐이다.

이는 2018년 이후도 마찬가지다. 단지 변한 것이라면 통일부의 신고 수리와 승인이 증가했고 그렇게 이루어진 교류와 만남은 기록으로 남고 있다. 그런 상황에서 나는 잃어버린 10여 년 동안 지켜왔던 연구 기준과 방식들을 여전히 사용하고 있다. 연구 노트에 남북 사람들의 접촉이 없는 상황은 구체적으로 남긴다.

(2018년 12월) 단둥을 찾은 나는 조선족 H로부터 한국식 고기 요리를 간판메뉴로 내건 식당(조선족 거리에 위치)에 북한사람이 즐겨 찾고 있다고 전해 들었다.

(2019년 5월) 그 식당 이야기를 다시 들었다. 그 고기집이 북한사람들 사이에서 인기가 있다고 단둥사람이 이구동성으로 말한다. 북한화교 Y는 평양에서 출장 나온 사람도 알고 있다고 말했다. 그런 말의 사실 여부는 한국사람 H와 조선족 A에게 확인했다. 나는 단둥에 머문 내내 점심과 저녁을 그 식당에서 해결했다. 그들이 말했던 내용을 눈으로 확인할 수 있었다.

이처럼 사례의 반복과 사실 여부를 확인한다. 관련한 상황이 나타나면 추가한다. 생각도 덧붙인다.

(2019년 7월) 단둥에 방문한 한국 단체 여행객 대부분은 건너편으로 북한 식당이 내다보이는 한국식 패키지 식당에서 식사한다. 그들은 압록강 단교만을 본 뒤 백두산으로 바로 떠난다. 그처럼 단둥에는 북한사람이 한국을 알아가는 곳이 있다. 반면 한국 여행객은 북한을 경험할 수 있는 단둥의 공간을 여러 가지 이유로 외면한다.

하지만 아래와 같은 남북 만남의 장면은 최대한 익명으로 처리한 뒤, 연구 노트 모서리에 의식적으로 상상이라는 말을 잊지 않고 표기한다. 누군가에게서 전해들은 내용으로 처리한다. 마지막은 나의 기억력을 믿는다.

이런 작업을 거치고 나서도 일부만을 자료로 사용한다. 그러다 보니 연구를 하면 할수록 자료는 쌓이는데 쓸 수 없는 자료, 공식적으로 남길 수 없는 내용이 함께 늘어난다. 2019년 현재에도 "언제까지 어떤 내용을 상상이라고 기록해야 될까?"는 나의 연구 화두이다.

(2018년 12월) 그 식당에 북한 부부 2쌍과 그들이 부탁한 한국 옷과 의약품을 선물한 한국사람이 함께 모였다고 한다. 나이가 가장 많은 북한사람이 술 많이 마시는 사람의 간에는 이 약이 좋다고 어느 약을 가리키며 말하자 다들 고개를 끄덕였다고 한다. 그들은 한국식 반찬을 먹고 한국식 양념으로 조리한 고기를 구웠다고 한다. 하나 남은 한국 담배를 길

선양의 북한 식당(2004년 7월)

선양의 북한 식당(2019년 7월)

거리에서 서로 나누어 피우고 헤어졌다고 한다.

2017년 12월에도 남북 교류와 만남은 전면 중단이 아니었다. 다만, 기록할 수 없던 만남이 있었다. 2018년 1월부터 약 10년 만에 다시 시작된 것도 아니다. 한쪽에서 기록되거나 한쪽에서는 남북(평양)과 북미 정상회담(베트남) 이후 멈추고 있다고 인식하는 남북 교류와 만남의 궤적이 다가 아니다.

많은 남북의 사람이 중국의 베이징(북경), 선양(심양), 단둥 같은 곳에서 함께 밥을 먹고 술을 마신다. 그들 만남에 일회성은 거의 없다. 일상적인 만남이 겹겹이 쌓여왔다. 중국 학교, 중국어 학원, 호텔, 민박, 아파트, 식당, 술집, 찻집, 사우나, 노래방 그리고 상점과 회사에서 그들은 만났고 만나고 있다. 이런 관계의 주된 원천은 남북을 연결하는 경제 활동이다. 북한사람이 한국산 소주를, 한국사람이 북한산 맥주를 마시는 공간은 한반도 밖에 있다.[27]

한반도의 갇힌 시각에서 벗어난 길

한반도라는 지역을 벗어나면 남북 교류와 만남의 길이 보인다. 하나의 예를 들자면, "2010년 이명박 정부의 대북 제재 조치 이후 한국

---

27) 강주원, 2016, 『압록강은 다르게 흐른다』, 눌민 참고.

인 유일의 단독 방북 취재"[28]로 알려진 진천규(통일 TV 대표)다. 어떻게 그는 방북할 수 있었을까? 여러 상황을 함께 살펴보는 것이 좋을 것이다.

그의 방북 시기는 문재인 정부 초기인 2017년 가을이다. 시민권자의 북한 방문을 금지한 미국이 행정명령(위반할 경우 10년 동안 여권을 압수)을 발동한 이후다. 또 하나 고려할 점은 2018년 김정은 위원장의 신년사 이전이라는 것이다.

인적 교류까지 차단하고자 했던 미국은 대북 제재를 강화하고 있었다. 남북 교류가 본격화하기 이전이다. 그러니까 그의 책에서 "한반도에서 곧 전쟁이 일어날 것 같은 답답하고 엄혹한 분위기가 이어지던 시기"로 언급한 2017년 10월에 그는 북한을 방문했다. 그가 언급한 계기와 방식은 아래와 같다.

북한 비자는 미국 뉴욕에 있는 주유엔 북한대표부를 통해 신청하면 평양 당국에서 심사한 뒤에 그 결과를 중국 심양 영사관으로 알려준다. 그러면 그곳에서 비자를 발급받아 방북할 수 있다. [...] 나는 대한민국 여권을 소지한 미국 영주권자의 자격으로 북한에 가서 취재를 하지만 대한민국, 조선민주주의인민공화국, 미국 그 어느 나라에서도 불법에 해당하지 않는다.[29]

28) 진천규, 2018, 『평양의 시간은 서울의 시간과 함께 흐른다』, 타커스, 42쪽.
29) 진천규, 2018, 『평양의 시간은 서울의 시간과 함께 흐른다』, 타커스, 41-267쪽.

윗글에서 먼저 사실을 간추리자면, 2018년 이전에도 그는 휴전선 앞에 멈춰 서 있지 않았다. 한반도가 아니라 중국을 경유해 방북했고 평양을 취재했다. 그에게는 대한민국 여권이라는 하나의 정체성만 있는 것은 아니었다. 미국 영주권자이기도 했다. 그(재외국민)는 미국에 살면서 시민권자(재외동포)들이 이용하던 압록강 넘나들기의 방식을 알았고, 그래서 방북이 가능했다.

통일부 홈페이지를 참조하면 한국 국민과 달리 "재외국민(외국 정부로부터 영주권 또는 이에 준하는 장기체류허가를 받은 자 등)이 외국에서 북한을 왕래하는 때는 통일부 장관 또는 재외공관의 장에게 신고해야 한다"는 예외 조항이 있다. 즉 영주권자는 한국 정부의 (사전) 승인이 필요 없고 허락이 아니라 신고하면 된다. 그래서 "그는 불법에 해당이 되지 않는다"고 말한 것이다.

그의 방북 궤적을 들여다보면서 나는 2010년 이후, 국적을 바꾸어서라도 대북 사업을 계속하고 싶다는 말들이 오가던 단둥의 술자리가 떠올랐다. 그럴 때 술값은 대북 사업을 지속하는 북한화교와 조선족의 몫이었다. 그리고 실제로 그런 한국사람이 있다는 풍문도 들었다. 사실도 확인한 적 있다. 그 당시 나는 미국 시민권자인 학교 후배를 부러워했었다. 나는 그에게 "내가 너라면 북한 가서 연구한다"고 말하곤 했다.

진천규 책의 부제는 "(2010년 이후) 한국인 유일의 단독 방북 취재"다. 그 표현이 옳은지 아닌지 생각하는 나의 모습에서 남북 교류와 만남의 범위를 너무 좁게 한정해왔음을 스스로 깨달았다. 한민족의 피가 흐르는 사람들 정도로 쉽게 생각했던 재외국민(재외동포)과 북한 사이의 교류를 얼마나 알고 알려고 했는지 되돌아보았다.

그의 방북이 던지는 화두도 있다. 정체성을 떠나, 휴전선만 떠올렸다면 그의 방북은 불가능한 것이라는 점이다. 5·24 조치 이후 휴전선 넘기만을 강조하며 한국 사회가 간과한 것이 무엇인지 드러나는 일이다. 그런데 그 길은 그가 최초는 아니다. 많은 재외국민과 재외동포들이 걸었던 길이었다.

중앙선거관리위원회에 따르면, 2017년 11월 현재 유권자인 영주권 재외국민은 104만 9,209명이다.[30] 재외동포재단은 더 넓은 의미로 정체성을 다룬다. 한국 사회는 2019년 6월 현재 재외국민을 포함한 재외동포 규모가 740만 명인 시대에 살고 있다.[31] 그들 가운데 남북 교류와 만남의 길을 걷고 있는 사람은 물론 있었고 지금도 있다.

다만 한국 사회가 그들과 북한 사회의 만남을 망각했다. 북한 방문의 경험을 공개하고 책으로 출판한 재미동포 신은미의 경우, 2015년 한국 정부는 "종북 콘서트"의 이름으로 추방했다.[32] 중국 조선족의 경우, 북한 사회의 관계맺음의 방식과 원천은 기본적으로 경제 교류이다. 하지만 한국 사회는 북한 내 친척을 돕는 사례로만 바라보는 경향이 강하다.

한국 사회에서는 제2의 진천규를 주목하지 않는다. 잃어버린 10여

---

30) 《서울경제》 2019년 4월 29일자, "[탐사S] 해외이주자 건보 먹튀 알면서도 쉬쉬"

31) 재외동포재단, http://www.okf.or.kr/homepage/intro/greeting.do

32) 《SBS》 2015년 1월 7일자, "종북 논란 신은미 추방·황선 구속영장 신청 검토"

북한으로 귀국하는 북한사람(2016년 11월)

거리에서 마주치는 북한사람(2018년 10월)

아침에 모여 있는 북한사람(2018년 10월)

년은 한국 사회 스스로 만들어왔다고 말할 수 있다. 나는 2010년 이전이나 이후에도 다른 진천규, 많은 진천규를 단둥에서 만나왔다. 한반도 내 남북 교류가 숨 고르기를 하던 2019년 5월 25일 아침 8시 25분에도 단둥의 기차역에서 뉴질랜드에서 왔다는 한국사람과 우연히 인사를 나누었다. 헤어진 뒤 그가 평양행 국제열차를 타기 위해서 2층으로 올라가는 모습을 지켜보았다.

잠깐 동안 나는 그가 방북 전에 통일부 장관에게 신고했을지 생각해보다가, 기차역 주변의 다른 남북 교류의 현장을 카메라에 담기 시작했다. 기차역 광장에는 귀국하는 북한사람이 삼삼오오 모여 있었다. 그들 주변에는 단둥의 네 집단이 선물을 전달하며 배웅하고 있었다. 그 가운데는 그날 점심을 함께하기로 약속한 지인들도 눈에 띄었다.

한국 사회는 무엇을 계획하는가?

2019년 4월 "4·27 판문점 선언 1주년"을 앞두고 여기저기서 세미나와 기념행사가 열렸다. 한쪽에서는 "정부는 (4·27 판문점 선언 1주년 기념) 행사와 관련해 북측에 통지했으나 북측은 지금까지 반응이 없는 상태다. 이에 따라 북측 예술단의 행사 참가는 성사되지 않을 것으로 보인다"[33]는 보도도 있었다. 그것이 현실이었다.

그때 문재인 정부가 기획한 평화 퍼포먼스는 "먼, 길, 멀지만 반드시 가야 할 길"이라는 주제로 한반도 평화를 기원한 것이었다. 나는 "먼, 길"이라는 말에서 2018년 봄 너도나도 가을이면 평양에 가서 냉면을 먹을 수 있을 것으로 기대하던 때가 떠올랐다. 그 뒤 일 년이 지나 소강상태를 맞은 2019년 봄의 고민이 담겨 있는 것 같았다.

남북 관계를 논의하는 학술대회나 포럼에서 일반 청중들이 제기하던 질문도 떠올랐다. 사람들은 남북 관계 개선과 더불어 한국 사회 내에서 선행해야 할 해결 과제나 이해관계가 있음에 주목했다. 그 고민들이 "먼, 길"과 겹쳐서 다가왔다. 행사에서는 남북철도 연결과 더불어 다가올 다양한 남북 교류의 방식, 거기에 발맞추어 해야 할 일들을 아래와 같이 논의하였다.

(정 교수는) "이런 차원에서도 서울과 평양의 스마트시티 교류가 중요성을 갖는다"고 말했다. 평양 등 북한의 도시들이 남한 스마트시티의 테스트베드 구실을 함으로써 남북 모두 윈윈 할 수 있다는 것이다. 올해(2019년) 처음 시작한 서울~평양 미래 포럼(한겨레통일문화재단 주최, 한겨레 서울색션 서울& 주관, 서울시 후원)은 스마트시티와 함께 빅데이터·인공지능·아이시티(ICT) 등에서 남북 교류 가능성과 비전을 찾는 포럼이다. [...] 민 팀장은 "관광 분야는 유엔 제재 대상도 아니며 북한도 큰 관심을 가지고

---

33) 《조선일보》 2019년 4월 24일자, "판문점선언 1주년 기념행사"

있는 영역"이라며 "동일한 앱으로 서울과 평양 관광지를 함께 둘러볼 수 있는 스마트 투어리즘을 서울시가 평양시에 선도적으로 제안할 수 있을 것"이라고 말했다.[34]

위와 같은 주제의 학술대회에 참석하다 보면 이런저런 생각에 빠지곤 한다. 남북 교류와 만남의 방식에 계획은 필요하다. 하지만 이 포럼의 제목처럼 "미래에서 만나는 서울과 평양"이 과연 현실적으로 당장 눈에 보이고 손에 잡히는 길인지 내게는 의문으로 떠오른다.

포럼에서 논의하는 내용이 얼마나 피부로 체감할 수 있는 것일지 잘 모르겠다. 또 다른 생각은 "테스트베드(실험무대)"라는 단어가 자꾸만 신경이 쓰인다. "남북 관계는 말 한마디라도 듣는 사람의 입장에서 어떻게 받아들일까, 반응이 어떻게 나올까 충분히 생각한 뒤 해야 한다"[35]는 박한식(미 조지아대 교수)의 지적이 뇌리를 떠나지 않는다.

상대방의 입장과 이해관계의 고려는 둘째 치더라도 위의 이야기들은 북한의 사회경제문화에 대한 종합적인 이해가 결여된 계획이다. 한국 입장만을 반영한 장밋빛 청사진을 일방적으로 말하는 것이다. 이를 준비한 연구자들은 다음과 같은 한국 사회의 현실을 고려하지 않은 것 같았다.

정부의 허가 아래 북한 프로그래머들과 함께 소프트웨어를 개발해 주목

---

34) 《한겨레》 2019년 4월 22일자, "서울~평양 스마트시티 교류"
35) 박한식·강국진, 2018, 『선을 넘어 생각한다』, 부·키, 182쪽.

북한 해외노동자 체육대회(2018년 4월)

북한 명절날의 북한사람(2018년 4월)

도매상가에서 인형을 고르는 북한사람(2019년 10월)

받은 한 IT 기업가가 국가보안법 위반 혐의로 구속 기소된 사건의 진실을 추적한다. [...] 통일부에 정식 신고를 하고 시작한 일이었다. 그런데도 결과는 국가보안법 위반으로 구속 기소![36]

2018년 8월 한국 사회에서 일어난 일이다. 다음과 같은 사례도 있다. 《MBC 통일전망대》가 "개성으로 출근하는 사람들"이라는 제목으로 방영한 내용에 따르면, 2019년 4월 어느 평일 출근 풍경에서 개성의 남북공동연락사무소로 출근하는 사람들은 휴대폰을 남북출입사무소에 보관하고 개성으로 간다. 이어서 "(개성과 한국은) 무전기와 팩스로만 연락이 가능"[37]하다는 설명도 있다.

이런 모습이 위의 연구자들이 간과한 한국 사회의 민낯과 남북 만남의 현주소다. 하나 더 언급한다면, 2018년 9월 14일 개성에서 남북이 같이 근무하는 건물에는 남북의 현판 표기법에 따라 "공동연락사무소"와 "공동련락사무소"가 같이 붙어 있다.

나라면 개성공단에서 핸드폰을 소지할 방법이 무엇인지 먼저 논의하겠다. 위의 사례는 개성공단 10여 년 동안 해결하지 못하고 현재도 마찬가지인 사안이다. 미래의 거창한 이야기를 다루는 포럼에 사람들은 많이 모여 귀를 기울이지만, 정작 골치 아픈 당면 과제를 말하고 해결하자는 목소리에 관심을 기울이는 세미나는 별로 없고 청중의 관심도 없다.

36) 《서울경제》 2018년 12월 2일자, "스트레이트 정권 1호 간첩사건 추적"
37) 《MBC 통일전망대》 2019년 4월 27일자, "개성으로 출근하는 사람들"

내가 생각하기에 2018년 이후에도 한국 사회에는 서로 어울리지 않은 세 모습이 공존한다. 국가보안법이 연출하는 그림자, 밀린 숙제로 남은 남북 관계의 당면 과제, 남북의 먼 훗날의 계획이다. 함께 공존한다는 것이 어색하고 앞뒤가 안 맞는 동거이다.

한 인류학자의 연구 궤적을 기록하다

1970년대 생의 자화상

이 책에서 말하는 것은 내가 주관적으로 선택한 남북 교류와 만남의 정리라고 할 수 있다. 인류학에서는 그런 한계를 보완하기 위해 고민해왔는데, 통계를 말할 때 신뢰도가 언급되듯 인류학 연구물에는 연구자가 겪은 경험을 서술함으로써 독자에게 판단 근거를 제공한다. 그런 차원에서 망각되는 20여 년과 잃어버린 10여 년 동안 내가 어떻게 살아왔는지 자화상을 그려볼까 한다.

나는 1970년대 초반에 태어났다. 1979년에 개봉한 만화영화 《똘이 장군》은 나에게 북한사람에 대한 무한한 상상력을 제공했다. 1980년대 중반 초등(국민)학교를 다니면서 방위성금 30원을 곧잘 낸 기억이 난다. 중학교 때는 평화의 댐 규탄대회에 참가하고 성금도 냈다.

1980년대 후반 고등학교 수학여행 때는 동해의 해변 도로를 따라가며 철책을 보았고, 아름다운 해변과 어울리지 않는다고 생각했다. 초중고 학창 시절에 빠지지 않던 학교 행사는 휴전선 지역의 땅굴 견학이었다.

이런 나에게 남북 교류와 만남에 대한 뚜렷한 기억의 출발은 10대 초반이다. 1984년 수해 당시 북한에서 쌀을 보낸 일이다. 거기에 보태어 어른들의 말이 설왕설래했던 기억이 떠오른다. 박철언 특사 혹은 이산가족 상봉 등은 말들만 떠오른다. 그 가운데 1989년 임수경 방북은 뇌리에 박혀 있다. 하지만 15년 가까운 시간을 뛰어넘어 20대 중반, 1998년 정주영(전 현대그룹 회장)의 소떼 방문과 그해 가을 시작한 금강산 관광만은 선명하게 떠올릴 수 있다.

그런데 금강산, 10여 년 동안 약 200만 명이 다녀갔다는 휴전선 너머 그곳에 나는 가본 적이 없다. 대학생 때 학생 운동과 통일 활동에 거리를 두었기에 가려고 노력하지 않았고 기회도 없었다. 고향이나 학교 친구들 사이에서도 그 경험을 말하는 사람은 거의 없었다.

그 당시에 나는 남북 교류와 만남을 다른 세상의 일로 여겼던 것 같다. 그랬던 나였다. 그러다가 20대 후반(2000년) 대학원 생활을 지도 교수의 방북 영상물 녹취로 시작하기에 이르렀다. 책에서도 배웠지만 연구 현장에서도 하나하나 느끼고 깨달으면서 3년 동안 석사 논문을 채워나갔다.

두만강 바로 곁에서 하룻밤 새우잠을 자면서 두려움 반 호기심 반이었던 연구자(나)와 같은 강을 두고 목숨을 걸고 넘어오는 사람들 사이에는 분명 이해할 수 없는 경험의 폭이 존재하고 있었다. [...] 우리는 이유는 각자 다르지만 연구자(나)는 시골에서 서울로, 탈북자는 북한에서 남한 사회로 좁게는 서울에서 각자 또 다른 삶을 준비하고 있다는 점이다. 즉 우리는 주변에서 태어나 중심에서 살아가는 방법을 배우면서 살고 있다는 소통의 고리를 가지게 되었다.[38]

그때의 문제의식은 지금과 결이 다르고 연구 대상에도 차이가 난다. 어쨌든 2000년대 초반 내 주변은 대부분 북한 연구자들이었다. NGO 단체 행사에도 자주 참석했었다. 남북 교류와 만남의 현장 언저리에 있었을 것이기에, 관련하여 들은 이야기가 많았을 거라고 생각했었다.

그것은 기억의 오류였다. 단둥에 1년 넘어 살기 위해 한국을 떠나기 전 2006년 가을의 나를 회상해보면, 의외로 아는 것이 없던 자신이었다. 이 글을 쓰는 과정에서, 어렴풋이 알던 내용을 확인하기 위해 자료들을 모아보아도 스스로 깜짝 놀라곤 한다.

그 당시에는 내가 알던 것보다 다양한 남북 교류와 만남이 있었다. 평양에 많은 사람이 비행기를 타고 갔다는 걸 몰랐다. 제주도에서 귤을 여러 해 동안 보냈다는 것도 알게 되었다. 남북 이산가족 사이에 편지가 오고 간 통계가 남은 것도 처음 알았다.

---

38) 강주원, 2006, 「남한사회의 구별짓기」, 『웰컴투 코리아』, 한양대학교출판부, 85쪽.

기록들을 찾으면 찾을수록 남북 관계에 무지했던 아니 아무것도 몰랐던 나를 발견하는 꼴이 되곤 했다. 2006년에 막연하게 네 집단의 관계맺음을 연구하기 위해 인천항에서 단둥으로 향하는 배에 올랐던 나였다. 남북 교류와 만남과 관련된 연구만 놓고 보면 이 책은 20여 년의 연구자로서 경력과 30여 년의 기억을 복원하는 개인의 노력이 더한 결과물이다.

40대와 50대 그리고 20대와 30대, 기억과 경험 차이

나의 모습은 한국 사회에서 나고 자란 1970년대 생들 사이에서 어떤 것일까? 나만 기억하지 못하는 걸까? 남북 교류와 만남을 경험하거나 기억하는 사람들은 제한적일까? 경험한 사람은 많은 것 같은데 그와 관련한 기록은 별로 없다. 자꾸만 "왜"라는 질문을 하게 되었다.

1990년대 전후를 기록한 황석영(소설가), 유홍준(평론가) 등 몇 권의 책을 다시 읽었다. 그러나 내가 궁금한 것은 찾기 힘들었다. 2000년대 전후 구체적인 방북 경로와 전후 과정을 알기 어려웠다. 그런 상황에서 2019년 전후 몇 권의 책을 서점에서 보았다. 책머리에 10여 년 전 혹은 20여 년 전 방북을 서술한 뒤 바로 그 경험담으로 넘어갔다.

호기심을 해소하기에는 부족했다. 그렇다면 북한에는 누가 갔다 온 걸까? 그때 좀 더 관심이 있었다면, 아니 최소 1960년대 후반생이었다면, 말단 실무자 혹은 활동가 자격으로 북한에 갔다 올 수 있었을까? 1980년대에 태어났다면 수학여행으로 금강산 관광이라도 갔을까? 대학을 졸업하고 통일 혹은 대북 사업에서 일했다면 1990년대 중반 역사 현장에 참여했을까?

1970년대에 태어났기 때문이든 선택과 관심 부족이든, 나는 남북 교류와 만남의 한복판에 서 있지 않았다. 나의 유일한 방북(개성)은 2008년 대학교 연구소 답사이다. 그것도 개성 관광이 문 닫기 전에 당일치기로 다녀왔다. 2000년대 전후 북한을 다녀온 사람들의 경험담에 부러움을 느끼는 것이 현재의 내 모습이다.

현재 40대 중반인 나와 달리 방북을 경험했던 사람은 그 당시 40대 전후였다. 그들은 지금 대부분 50대이다. 2018년 이후 여러 단체에서 북한을 방문하고 있다. 나는 아직 북한에 가보지 못했다. 대표적인 대북 협력단체인 두 군데에 내 이름이 올라가 있다. 2018년 이후 SNS에 지인이나 선배들이 북한을 다녀온 경험을 남긴다. 그러나 내게는 한동안 기회가 없을 것 같다.

방북 경험이 없는 이유는 나이(출생년도 혹은 세대) 때문만은 아니다. 남북 교류와 만남이 활발하던 시기인 2000년대 중후반에 중국 단둥에서 또 다른 남북 교류와 만남에 참여관찰을 15개월 동안 했기 때문이다. 박사 논문을 마무리하던 시절인 2012년 전후는 개성공단을 제외하고 휴전선 넘나들기와 관련한 남북 교류와 만남이 사실상 중단된 때이다. 통일부 장관의 방북 불허가 주류였다.

요즘 나는 1980년대와 2018년 이후를 비교하곤 한다. 분명 2020년으로 향하고 있는데 남북 교류와 만남에 대한 계획은 책으로 접했던

1980년대로 돌아간 것 같다. 내용도, 하고자 하는 것도 비슷하다. 예를 들어 "남북 교류와 만남의 전망"을 주제로 여는 학술대회에 앉아 있으면, 마치 1980년대 혹은 1990년대에 가 있는 것 같다. 북한을 바라보는 한국 사회의 시각에도 변화가 있고 북한 자체도 변했는데, 그 내용이 30여 년 전과 별반 다를 것이 없다.

현재(2019년) 한국 사회는 1980년대 중후반과 1990년대 생들이 20대에서 30대 초중반이다. 남북 관계에 관한 내 20대 시절까지의 형편없는 기억을 떠올려보자면, 그들에게 남북 교류와 만남에 어떤 기억이 남았을지 궁금하다. 1980년대 중후반 생들은 20대 초중반에 금강산 관광이 문을 닫았다. 2002년 월드컵 때의 서해교전이 더 기억에 남은 세대이다. 1990년대 생의 20대는 2010년 5·24 조치, 남북 교류와 만남이 줄어드는 서막과 함께 시작했다.

이를 고려한다면 남북 교류와 만남에 여러 계획을 세우는 것도 중요하지만 만남의 준비도 함께 해야 하지 않을까? 그러기 위해 먼저 2019년 한국 사회의 20대와 30대 초중반들이 잘 기억하지 못하는 1990년대와 2000년대에 남북이 어떻게 만나고 교류했는지, 그 속에서 얻을 수 있는 것부터 성찰하는 것이 필요하지 않을까?

한국 사회에서 금강산 관광과 개성공단으로 대표하는 휴전선 넘기는 통일의 염원을 담은 소중한 가치다. 나 역시 1998년 동해에서 금강산 관광선을 띄우는 장면을 대학생 신분으로 지켜본 세대다. 그러나 현재 20대와 30대 초중반들의 경험은 내가 속한 40대하고는 다를 것이다.

하나 덧붙이자면, 언젠가 평양 아리랑 공연을 다녀온 이야기를 간혹 들은 적 있었다. 책을 통해서도 알고 있었다. 하지만 내 기준에서, 2005년 평양 아리랑축전에 그렇게 많은 사람이 갔다 온 내용을 뉴스에서 접한 기억이 없다. 아래 인용 가운데 앞의 것들은 당시 평양 방문과 관련한 반응과 상황을 알 수 있다. 나머지 둘은 방북 규모를 남긴 글이다.

2005년 남북 교류 사업을 하는 시민단체에서 광복 60주년 기념 아리랑축전 참가자를 모집했다. 1박2일 동안 평양을 방문해 유적지를 돌아보고 저녁에 아리랑축전을 관람하는 일정이었다. [...] 전세 비행기를 이용해야 했기에 비용이 꽤 비쌌다. [...] (회사에 평양 방문을 쓴 연가 신청서를 작성해서 냄) 상사에게 결재를 받는데, 그분이 나를 올려다보며 이렇게 말했다. "혹시, 못 돌아오는 거 아니야?"[39]

(2005년) 평소 1주일에 고작 2차례 베이징(北京)과 평양을 오가던 항공편은 하루에 2차례로 늘었고, 남측 전세기는 하루 1~2차례씩 단체관람객을 실어 나르고 있다.[40]

(2005년) 명칭은 10만이 참여하는 대집단체조 아리랑이었으며 남쪽 관람객만 1만 명을 훨씬 넘었다. [...] 하루 1,000명의 남측 관광객이 전세기

39) 《오마이뉴스》 2018년 4월 28일자, "눈물로 삼킨 옥류관 평양냉면, 그 맛이 어땠냐면"
40) 《한국일보》 2005년 10월 4일자, "[北 '아리랑 공연'관람기] 평양 풍경"

로 와서 아리랑 공연을 보고 평양을 둘러보고 돌아가는 1박2일의 패키지 관광이었다.[41]

(2005년) 29일 종료된 아리랑 축전은 대성황이었다. 26일까지 남측 인사 8,300여 명이 다녀갔다고 했다. 당초 예상인원 6,000여 명을 훨씬 초과한 것이다.[42]

위의 기록을 정리해보니, 같은 해 같은 관광 코스인데 규모가 다르다. 남쪽 상황실 책임자는 1만여 명이 넘었다고 말한다. 기사에서는 8,300여 명이라고 보도한다. 그래서 통일부 자료를 찾아보았다. 2005년 한 해 동안의 평양 관광객의 규모가 있었다. 그런데 위의 기간인 몇 달이 아니고 일 년의 통계가 1,280명이다.

고개를 갸웃하게 하는 일이다. 사람에 따라서 관광객의 범위와 시기가 다르다는 건가? 관계자와 기자, 통일부의 기록이 다른 것은 어떻게 받아들여야 할까? 한참 고민하다가 문득 주변 사람들이 말했던 평양 방문의 연도가 2005년만은 아니었던 것이 기억이 났다. 그때를 기록한 책에서도 그런 상황이 나온다.

(2000년) 정상회담 이후로 한동안 우리 사회에서는 평양을 방문하는 것이 그다지 낯선 풍경이 아니게 되었다. 오히려 비행기를 타고 중국을 경

41) 김이경, 2019, 『좌충우돌 아줌마의 북맹탈출 평양이야기』, 내일을 여는 책, 150쪽.
42) 《국민일보》 2005년 10월 30일자, "[한마당—이강렬] 2005년 10월 평양"

유하여 멀리 에돌아 평양을 가야 하는 현실을 비판하였고 결국 서울과 평양 간 직항로가 개설되기도 하였다.[43)

이처럼 2000년대 평양 방문은 한국 사회에 낯설지 않았다고 한다. 다시 통일부가 출판한 『2018 통일백서』에서 1998년부터 2017년까지 〈금강산/개성/평양 관광객〉[44)을 정리한 통계를 들여다보았다. 앞 인용문에 나오는 2005년 이외에 평양 관광객의 규모를 파악할 수 있는 해는 2003년 1,019명이었다. 즉 2003년과 2005년 이외에는 평양에 관광을 가지 않은 것으로 표시되어 있다. 1998년부터 2017년까지, 20여 년을 정리한 통계에서 단 두 해만이었다.

다시 머리가 복잡해졌다. 평양에 2003년과 2005년 이외에는 관광이라는 명목으로 가지 않은 것일까? 주변의 기억과 통일부 통계가 다른 것을 설명할 방법이 없었다. 이쯤에서 말할 수 있는 분명한 사실은 통일부 통계에도 있듯, 2003년과 2005년에 평양 관광을 다녀온 사람들이 한국 사회에 있었다는 것이다.

곰곰 생각해본다. 남북 관계에는 망각되고 잃어버린 것도 있고 정확하지 않은 기억과 기록(통계)도 있다. 연구자로서 속상한 것은 어쩔 수 없었다. 그 시절처럼 평양에 한국 관광객이 가는 날은 언제로 기록될까? 그때가 다시 오면 20대 혹은 30대의 동학과 함께 열심히 그와 관련된 기록을 남기는 인류학 작업을 해야겠다고 다짐해본다.

---

43) 정영철, 2017, 『평화의 시선으로 분단을 보다』, 문예원, 188쪽.
44) 통일부, 2018, 『2018 통일백서』, 통일부, 261쪽.

단둥에서 참여관찰을 한다는 것

2006년 가을이다. 본격적으로 중국 국경 지역의 현지 조사를 떠나기 며칠 전, 북한에서 1차 핵실험을 감행했다. "긴장감 감도는 단둥"이라는 보도를 연일 접하며 나는 연구 시작부터 기로에 서야 했다. 박사논문을 위해 가는 것이었다. 선택의 여지가 없었다. 연구가 가능할지, 불안감을 안고 단둥을 향했다.

시작은 그랬지만 2007년 전후는 2019년 현재를 기준으로 보면 남북 관계의 황금기였다. 참여관찰을 하던 바로 그 기간, 2006년과 2007년은 남북 교류와 만남의 전성기였음을 여러 통계(남북교역, 남북왕래인원 등)에서 볼 수 있다. 선후배들의 우려와 달리, 그런 배경 속에서 단둥에 거주하는 동안 수많은 색깔의 남북 만남의 장면을 수집했다.

마냥 좋았던 것만은 아니다. 유엔 안보리는 2017년 12월까지를 상정해도 총 10회에 걸쳐서 제재를 결의했다. 그 출발이 2006년 10월의 대북 제재 조치다. 그 후 10여 년 넘게 미국과 유엔의 대북 제재는 매번 더 강화되었다. 2019년 현재도 상황은 변하지 않았다.

또 한 번의 고비는 박사논문을 한창 쓰던 시기에 있었다. 2010년 5·24 조치였다. 그 이후 한국 언론과 연구자들은 공식적인 만남의 단절을 끊임없이 보도하고 말했다. 그러나 그들의 인식이나 분석과 달리 남북 관계에 대한 나의 연구는 현재진행형을 유지했다.

고비랄 것은 아니지만 2010년과 마찬가지로 남북 관계에서 시대 구분이 필요한 상황과 일들이 2018년 1월부터 쏟아져 나왔다. 그때부터 더 많은 남북 교류와 만남에 대한 미래 전망과 단둥 소식을 언론을 통해 접할 때마다 머리가 아프다. 그 이야기를 듣다 보면 나의 연구 지역과 내용이 급격한 변화에 직면한 것 같다. 한편으로는 늘 그래왔듯, 중·조 국경 지역과 단둥은 남북 관계의 변화와 상관없이 그 자리를 지키고 있을 것 같다.

나는 단둥에서 출발해 중·조 국경 지역(두만강과 압록강)의 문화를 알아가기 시작했다. 남북의 사람이 함께 살아가는 현장의 모습을 하나둘 축적했다. 처음에는 그 지역이 남북 교류와 만남의 중심축인데 한국 사회가 너무 관심이 없다고 생각했다. 하지만 요즘에는 "나만의 관심사에 너무 의미부여를 하는 것이 아닌가?"라는 고민이 시종일관 떠나지 않는다.

단둥 사람들에게 "잘 다녀오겠습니다"라고 귀국 인사를 하고 그들은 "잘 다녀오라고"[45] 했던 2007년 연말도 10여 년이 지났다. 그 이후에도 단둥을 나름 뚜벅뚜벅 찾아갔다. 10년 넘게 알고 지내는 지인들과 인연을 이어가는 노력이자, 단둥의 변화 혹은 유지되는 삶의 모습을 기록하기 위한 것이었다. 그것은 단둥과 압록강 그리고 두만강에 다시 익숙해지기 위한 길이었다.

때로는 혼자, 때로는 여러 사람과 함께 찾아가는 단둥에서, 나는 한국에서 생활과 달리 부지런을 떤다. 이유는 잘 모르겠다. 단둥만 가면 전날 술을 새벽까지 마셔도 아침 5시쯤 일어나 압록강에서 일

---

45) 강주원, 2013, 『나는 오늘도 국경을 만들고 허문다』, 글항아리 참고.

출을 본다. 그리고 기차역이든 세관 주변이든 아침 풍경이 만들어내
는 남북 교류와 만남의 현장을 찾아 나선다.

한때 압록강에 변화가 있었다. 강 하나를 사이에 두고 단둥과 신
의주는 2015년 8월 15일 이후 30분의 시차가 있었다. 하지만 그것도
2018년 4월 남북정상회담 이후 북한의 표준시간 재변경으로 1시간
의 시차가 다시 난다. 압록강과 마찬가지로 한때 북한과 한국은 다
른 시간대에 살았다.

2000년대 중반, 단둥항 근처의 북한 배(2004년 7월)

2000년대 중반, 신의주 강변(2005년 7월)

2000년대 중반, 삼국 국기 공존(2005년 7월)

2010년대 후반, 삼국 국기 공존(2018년 4월)

압록강단교(2005년 7월)

압록강단교(2019년 5월)

2000년대 중반, 송도원(2004년 7월)

2010년대 후반, 송도원(2019년 5월)

2000년대 중반, 거리의 북한사람(2007년 7월)

2010년대 후반, 거리의 북한사람(2018년 8월)

2000년대 중반, 북한 식당 공연(2005년 7월)

2010년대 후반, 북한 식당 공연(2018년 12월)

2부

다시 본격화된 남북 교류와 만남:
휴전선을 사이에 두고

분단의 벽을 넘는 길은 하나인가?

휴전선 넘기만 강조하는 분위기

휴전선은 엄밀히 말해 국경은 아니다. 군사분계선으로, 일종의 임시 분할선이다. 하지만 휴전선이라면 한반도 땅을 가로지르는 그 철조망이 말하듯, 분단과 단절의 상징이 된 지 오래다. 2018년 이후 변화하는 남북 관계 속에서 한국 사회 분위기를 한마디로 요약한다면 무엇이 있을까?

한국 사회는 북한을 가고 북한사람을 만나고자 했다. 그 여정에 반드시 등장하는 말들이 있다. 개성공단과 금강산 관광, 백두산과 남북철도 그리고 평양 등이다. 그런 말들이 등장하는 학술대회를 알리는 메일 혹은 뉴스를 나는 거의 매일 받았다. 거기에서는 그 일을 이루기 위해 휴전선을 넘어야 함을 전제한다. 그래서 나는 남북 관계에서 한국 사회 분위기를 휴전선 넘기라고 지칭해도 무방하다고 생각한다.

남북 정상의 만남과 북미 정상회담이 이루어지면서 곧 평양에 가볼 수 있겠다는 기대감이 생겼다. [...] 2019년 여름쯤이면 평양에 가볼 수 있을까?[46]

2018년 내내 다들 한두 번은 꿈꾸고 이야기를 나누었을 내용일 것이다. 그러나 2019년 가을이 지났지만 그 희망과 기대감은 구체화하지 못했다. 그런 상황의 전개가 내게는 어색했다. 사람들이 그렇듯 미래의 휴전선 넘기에 주목할 때 나는 오히려 과거의 휴전선 넘기가 궁금해졌다.

김대중(하늘길)과 노무현(육로) 대통령의 방북 외에, 흩어져 있는 여러 자료를 찾아보고 나의 기억도 뒤져보았다. 휴전선 넘기의 대표적인 장면이라면 몇 편 되지 않는다. 1970년대의 남북 특사와 밀사에 대한 나의 기억은 없다.

1985년 9월 남북 이산가족 고향 방문(서울과 평양 교환 방문), 1998년 6월 판문점을 통해 민간인이 북한에 들어간 첫 사례로 알려진 일명 정주영(고 현대그룹 회장) 소떼 방북, 1998년 11월 바닷길로 시작한 금강산 관광, 2003년 6월 착공한 개성공단, 세월을 조금 뛰어넘어 2007년

---

46) 정청래 외, 2018, 『정세현·정청래와 함께 평양 갑시다』, 푸른숲, 12-13쪽.

12월에 문을 연 개성 관광 그리고 남북철도 연결, 예술단 공연, 스포츠 교류도 빼놓을 수는 없다. 물론 2018년에 하나의 방점이 있었다. 문재인 대통령이 판문점 군사분계선(휴전선)을 잠시 넘었다.

이처럼 휴전선이 한때 남북을 연결하는 길이 된 시기가 있었다. 그렇지만 그 일들은 휴전선 넘기라는 결과만을 보여줄 뿐이다. 그 길을 걸어갔던 사람이 누구인지, 그때도 휴전선이란 다만 넘기 힘든 장벽이었던 것인지 기록으로 남은 것은 별로 없다. 오히려 2018년부터 한국 사회는 휴전선 넘기가 보통사람에게도 곧 다가올 미래일 것처럼 인식하게 하는 분위기를 조성했다.

내가 아는 범위 내에서, 남북 관계가 그나마 나았다고 말하는 2000년대에도 여행 경비를 내면 갈 수 있던 금강산과 개성 관광을 제외하고 휴전선 넘기가 누구에게나 쉬운 것은 아니었다. 특별한 경우가 다수였다. 노력과 과정과 시간이 필요한 일이었다.

헤어진 연인이나 친구와 재회했을 때, 지난날의 실수를 되풀이하지 않는 것은 현명한 일이다. 반성 없이 예전 모습만 상상하다가는 다시 이별로 치닫기 쉽다. 휴전선을 사이에 둔 북한과 한국 또한 만나다가 헤어진 사이다. 북한 사회가 예전의 북한이 아니라는 말은 여기저기서 들려온다. 하지만 2018년 내내 평양에 가볼 수 있겠다는 기대감만이 표출되는 한국 사회였다.

휴전선 넘기만을 강조하는 상황에서, 헤어졌던 연인을 다시 만날 마음의 자세가 소홀하다는 생각이 든다. 그와 같은 분위기에서 다음의 지적은 귀기울여볼 만하다. 박명규(서울대 사회학과 교수)는 휴전선

(DMZ)이 열리는 과정에서 고려해야 될 요소들을 언급한다.

예컨대 DMZ를 통과하여 북한과 접촉한다는 것은 내부로는 국가보안법을 비롯한 법적 제약을 고려해야 하고 외부로는 유엔의 법적 관할권을 부분적으로 허가받아야 한다는 점에서 유엔사령부의 개입을 필요로 하며, 정전협정의 당사국인 중국과 미국의 협의도 필요로 한다. 사안에 따라서는 남북한 국방 당국이 협력하지 않으면 안 되며 북한과 다양한 법적, 제도적인 합의가 필요하다. 뿐만 아니라 국내에서도 환경 보전과 지역 개발, 토지 분쟁 등이 문제를 포괄하는 특별법을 제정하고, 친환경적인 종합관리 계획 및 자연환경 보전 종합계획의 수립이 필요하다.[47)]

한국 사회는 이 점을 외면할 수 없다. 거쳐야 할 과정이다. 남북이 만나기 전 미리 풀어야 할 숙제이다. 휴전선 넘나들기의 일상화로 향하는 길은 장거리 여정이다. 휴전선을 매개로 한 남북 교류와 만남은 민족 정서나 정치적 의지만으로 추진할 수 있는 일이 아니다. 역사는 그 점을 말해주고 있다. 그럼에도 한국 사회는 2019년 전후에도 여전히 휴전선만 이야기한다.

감격의 그날, 판문점 선언 1년이 되었습니다. [...] 새로운 길이기에, 또다 함께 가야하기에 때로는 천천히 오는 분들을 기다려야 합니다. 때로

47) 박명규, 2015, 「개성공단 실험과 한반도형 통일모델」, 『개성공단: 공간평화의 기획과 한반도형 통일프로젝트』, 진인진, 370쪽.

는 만나게 되는 난관 앞에서 잠시 숨을 고르며 함께 길을 찾아야 합니다. 우리 모두, 또 남과 북이 함께 출발한 평화의 길입니다.[48]

2019년 4월 27일 저녁 방송 3사(KBS, MBC, SBS)는 모두 "남북정상회담 판문점 1주년 기념행사"를 생중계 하였다. 문재인 대통령은 영상 메시지를 남겼다. "비무장지대 GP 철수, 유해 발굴, 서해어장, 개성의 공동연락사무소, 철도와 도로 착공식" 등을 이야기하면서 "새로운 길"을 강조했다. 그 길은 과연 어떤 것일까?

내게는 휴전선 넘나들기만 전제한 것으로 보였다. 한반도라는 조건 속에서만 고려한다는 느낌을 받았다. 한국 사회에서 남북 관계란 곧 휴전선이다. 남북 교류는 휴전선을 통한 만남이어야 하고 그래야 진정한 만남이라는 명분이 작용한다. 이는 매우 중요하며 언제까지나 지향해야 할 목표이다.

하지만 다른 길도 있다. 이전에 걸었고 여전히 걷는 길이 있다. 그 길을 한국 사회는 간과한다. 남북의 길은 정부 혹은 당국만 만들어 온 것이 아니다. 민간 즉 보통사람들도 동참했다. 그들은 휴전선 외의 길을 만들었다. 1990년대 전후부터 한국 사회는 휴전선 넘기만을 바라보며 살아오지 않았다. 그 점이 2018년 이후와 다른 점이다.

---

48) 《연합뉴스》 2019년 4월 27일자, "文대통령 4·27 1주년 메시지"

기다림의 연속

2018년 김정은 위원장의 신년사를 두고 주변에서는 "남북 관계의 새로운 변화의 출발점이었다"고 말한다. 하지만 민간 교류가 활성화되는 순간이 언제일지 관심이 많은 나는 그 신년사를 다르게 기억한다. 돌이켜보면 기다림의 시작이었다.

정초에서 4달이 그다지 길게 느껴지지 않았다. 4월 27일 판문점 선언의 남북 정상회담부터 북미 정상회담의 6월 12일까지, 김정은 위원장이 과연 자국의 비행기를 타고 갈지 안 갈지에 주목하는 방송을 들으면서 2달을 다시 기다렸다. 싱가포르 회담이 끝나니 다시 한 번의 남북 정상회담이 필요하다는 이야기가 흘러나왔다.

다시 3달을 기다린 끝에 9월 18일 평양에서 열린 남북 정상회담을 지켜보았다. 하지만 기다림은 거기에서 끝나지 않았다. 김정은 위원장의 서울 답방이 있을 수 있다는 예측이 있었다. 하지만 연말까지 다른 정상회담은 끝내 없었다. 그때에 이르러서는 남북 관계가 "여전히 산 넘고 산"이라는 말이 나오기 시작했다.

평양 공연과 몇 번의 민간단체 방북 소식이 있었기에 기다림이 지루하지는 않았다. 하지만 민간 차원의 남북 교류와 만남이라는 시각에서 보면 내게는 끝없는 기다림이었다. 그렇게 1년이 지나가고 2019년 달력을 벽에 걸었다. 그 기다림은 해를 넘겼고 언제 끝날지 모르는 모양새였다.

이번에는 비행기가 아니었다. 김정은 위원장의 열차 여정을 지켜보며 2월 말까지 다시 기다렸던 북미 정상회담은 결렬되었다. 돌이켜보면 1년이 넘은 기간 사이사이에는 한미와 북중 정상회담이 있었다.

두번째 봄이 다가왔지만 그때도 예정이 없는 남북 혹은 북미 정상회담만이 남북 관계의 해법이라는 말들만 들렸다. 한마디로 줄인다면, 한반도 평화를 위한 해법은 톱다운(정상 간 큰 틀에서 합의한 뒤 실무를 후속 협상에 넘기는 방식) 방식밖에 없다는 것이었다. 2019년 4월 11일 한미 정상회담 이후 청와대 발표다.

> 트럼프 대통령은 문 대통령이 한반도의 군사적 긴장을 완화하고 남북 관계를 개선함으로써 최종적이고 완전하게 검증된 비핵화를 위한 유리한 환경을 조성하는 데 주도적 역할을 해온 점을 높이 평가했다. 양 정상은 톱다운 방식이 한반도 평화 프로세스에 필수적이라는 데 인식을 같이 했다.[49]

그 발표를 들으며 생각했다. 먼 훗날 한국 사회는 그 시기를 짧은 기간 남북 교류와 만남을 위해서 톱(정상)들이 숨 가쁘게 달려왔다고 말할까? 아니면 톱다운 방식만이 강조되는 분위기 속에서 다른 것은 할 수 없었던 다운(민간)들이 너무나 무기력했다고 기록할까? 한 가지 분명한 것은 잃어버린 10여 년 이후에도 톱이든 다운 쪽에서든 1년 넘게 세월이 흘러가고 있다는 점이다. 그 흐름이 언제 끝날지 아

---

49) 《채널A》 2019년 4월 12일자, "한미 정상 톱다운 방식, 평화 프로세스에 필수"

는 사람이 없다.

그 사이 휴전선을 넘어 평양에 가서 냉면을 먹을 수 있기를 희망하는 사람은 줄고 방송에서도 거의 다루지 않았다. 왜 그 시기는 기다림의 연속이어야 했고 기대감은 오히려 줄어야 했을까? 나는 한국 사회가 휴전선 넘기만을 강조하였던 것이 하나의 원인이라고 생각한다. 그런 고민을 하던 2019년 5월 단둥의 지인인 대북 사업가(한국사람) H로부터 국제전화가 걸려 왔다.

2000년대 단둥에서 남북경협을 하면서 번 돈으로 구입했던 아파트 3채가 지금 하나도 남아 있지 않네. (2010년) 5·24 조치 이후 회사 직원이었던 북한화교와 조선족에게 하나하나 팔 수 밖에 없었네. 그들은 여전히 남북 교류의 중간자 역할을 하니까 제법 부를 축적하고 있고 위치가 역전되어 내 쪽에서 그들의 도움을 받고 있네. 그래도 (2017년) 전에는 5·24 조치가 해제될 거라는 기대로 버틸 수 있었는데. 한국에서 새 정부가 들어선 뒤로 계속되는 정상회담에서, 대북 제재가 해제되고 남북경협이 활성화되기를 바라는 것은 정말 희망 고문이자 지독한 기다림이네. 몇 년 전보다 더 힘들어. 과거 정부는 사업을 대부분 중단시키더니 현 정부는 계속 기다리게만 하네. 너무 힘들어서 오늘 북한의 인맥을 잘 활용하는 조선족 친구가 신의주에서 가지고 온 장국을 안주 삼아 술을 마시고 있네. 여기 다른 사람도 있다네.

핸드폰 너머로 진한 평안도 말씨가 섞여 들렸다. 그와 인연은 10년이 넘었다. 2018년 12월 어느 날에는 김정은 위원장이 중국을 방문할 때 지나가는 중조우의교가 보이는 객실에서 대북 사업 추억을 나누며 함께 밤을 지새우기도 했다.

그에게는 2018년부터 기다림이 아니었다. 가깝게는 2017년 문재인 정부 출범, 멀게는 2010년 5·24 조치부터 시작된 긴 기다림이었다. 그는 단둥에서 정상회담 결과를 기다린다. 단둥사람들 모두가 기다리는 것은 아니다. 예를 들면 어떤 한국 국적의 대북 사업가들은 북한화교 또는 조선족과 함께 꾸준히 북한과 관련된 경제 활동을 하고 있다. 그들에게 대북 제재는 문제가 되지 않았다. 그래서 그의 상황이 더 답답하게 느껴진다.

내가 매주 받는 NGO 단체 그러니까 탑이 아닌 다운이 보낸 2019년 4월 15일 메일에는 남북 교류와 만남에 대해서 "이루어지지 않고 있습니다"와 "미루어지고 있습니다"로 끝나고 있다. 그런 내용이 몇 달째 반복이다. 다운들의 기다림은 언제 끝날지 알 수 없었다.

오래 기다리지 않은 만남도 있었다. 속보가 나오고 단 하루가 걸렸다. 2019년 6월 30일 판문점에서 남북미 정상들이 만났다. 그 만남으로 기다림은 끝으로 이어질지 궁금했다. 그러나 그 이후에도 나의 기다림은 계속되고 있다. 2019년 여름과 가을 한국 사회에 남북 정상회담에 대한 기대의 목소리가 거의 들리지 않았다.

신의주의 살림집 건설 과정 1(2017년 7월)

신의주의 살림집 건설 과정 2(2018년 8월)

신의주의 살림집 건설 과정 3(2019년 5월)

휴전선 이외의 국경 넘나들기도 있다

북한 방문 경험을 이야기할 때 사람들은 고려항공에서 들었던 기내 방송의 내용, "지금 우리 비행기는 조·중(중·조) 국경인 압록강을 넘어가는 중입니다"를 곧잘 말한다. 거기에서 자연스럽게 여행 경로가 드러난다. 그 여정 안에는 압록강이 있다. 그런데 한국 사회는 방북이라면 휴전선을 통했다고 생각한다.

> (2000년 정상회담 이후) 방북의 이유도 갖가지였다. 정부 당국자들은 당국 회담과 관련하거나 정부 차원의 지원 물품을 전달 혹은 모니터링을 위해서였고 사업가들은 사업 기회를 협의하거나 현장을 살펴볼 목적으로, 혹은 직접 공장을 세우고 건설 현장이나 운영을 위해서 휴전선을 넘었다. 그러나 가장 큰 비중을 차지한 것은 역시 민간(단체) 차원의 왕래였다.[50]

위의 내용은 금강산과 개성공단을 제외한 방북을 말한다. 휴전선을 넘은 "사업가"나 "민간단체"가 누구인지 표현은 책 안에 없었다. 그들의 휴전선 왕래는 누구나 아는 것일까? 아니면 저자는 북한 방문을 은유적으로 표현하여 단지 "휴전선을 넘었다"고 말한 것일까?

2018년 상반기 평창 올림픽과 예술단 방문 등을 계기로 남북은 서

---

50) 정영철, 2017, 『평화의 시선으로 분단을 보다』, 문예원, 195쪽.

로 방문하는 일들이 이어졌다. 그런 장면은 한반도 내에서 이루어졌다. 하늘길과 바닷길이 있었다. 하지만 남북 육로 3곳(판문점, 서해길, 동해길)[51], 휴전선이 주목받았다.

여기에서 휴전선을 놓고 다른 물음을 하게 된다. 남북의 만남은 휴전선을 사이에 두고 왕래하는 방식 외에 없었던 것일까? 남북이 만나기 위해서는 늘 휴전선만을 넘어왔던 걸까? 앞으로 남북 교류는 휴전선 넘나들기만 존재할 것인가? 이 물음에 나는 고개를 젓는다. 반증의 사례가 있다.

> 평양 공연 사전 점검 차 평양에 방문하는 탁현민 청와대 선임 행정관은 22일 "공연 구성 등에 대해 논의하러 간다"고 말했다. 탁 행정관은 이날 낮 베이징(北京) 서우두 공항에서 고려항공 JS252편 평양으로……[52]

청와대 행정관이 선택한 평양행 경로, 그가 "잘 갔다 오겠다"고 기자들에게 말한 장소는 판문점 앞이 아니라 중국의 국제공항이다. 제3국을 경유 하는 방식으로 북한을 방문했다. 그는 왜 휴전선을 넘어 북한에 가지 않고 중국을 통해서 갔을까? 이는 남북 교류의 역사에서 기록된 수많은 휴전선 넘나들기가 아닌 예외 사례일까?

나의 설명은 간단하다. 그가 택한 경로는 남북 교류의 또 하나의 길이다. 다만 한국 사회에서 대부분 기록으로 남지 않고 망각 혹은

51) 《이데일리》 2018년 1월 18일자, "北 확정만 400여명 파견"
52) 《연합뉴스》 2018년 3월 22일자, "평양행 탁현민 공연 구성 등 논의 차 방북"

간과한 방식일 뿐이다. 다른 반증 자료들도 있다. 1989년 황석영(작가), 문익환(목사), 1997년 유홍준(평론가) 등이 중국을 경유 하는 방식인 황해와 압록강 넘나들기를 하였다.

덧붙인다면 1988년 임수경(한국외대 학생)은 모스크바~평양 경로를 이용했다. 그렇다면 제3국을 활용한 방북 경로는 지난 30여 년 동안 휴전선 넘나들기만 존재했던 남북 만남의 방식에서 한두 번의 열외에 해당하는 것일까? 아니다. 1990년대와 2000년대 대부분의 NGO 단체 혹은 대북사업가들이 선택한 길이다.

알고 지내는 NGO 단체 실무자에게 "2000년 전후부터 북한에 100번 넘게 갔다 왔는데 가실 때 어떤 경로를 선택하셨나요?"라고 물었다. 그는 "대규모 인원이 방문했던(인천/김포~평양 전세기) 4번을 빼고는 다 중국 선양(심양)공항을 경유했죠"라고 답했다. 마찬가지로 탁현민(청와대 행정관)은 새로운 길을 선택한 것이 아니었다.

그는 기존에 있었고 한국 사회가 많이 이용하던 남북 만남의 경로 가운데 하나를 따라간 것이다. 그 길은 짧게는 2016년 개성공단 폐쇄 이후부터 2018년 김정은 신년사 이전까지 공식적으로 끊어진 휴전선 넘기와는 다른 역사다. 길게는 1980년대 후반부터 2019년 현재까지 휴전선 넘나들기가 열림과 멈춤을 반복하는 동안에도 남북이 만나는 길이다. 역사의 깊이도 다르다.

2019년 봄 서울에 온 조선족 A를 만나서 대화를 나누다가, 2000년
대 한국에서 북한으로 갈 때 비행기를 이용한 직항로가 있었다고 말
했다. 그런데 그는 나에게 생각하지 못했던 질문을 했다. "당신이 생
각하는 휴전선의 범위는 어떻게 되나요? 비행기가 한반도 땅에 있는
휴전선을 넘었나요?" 나는 잠시 멍한 표정을 지었다가 "아마도, 그렇
겠죠"라고 대답했다. 이어서 그는 나의 대답을 무색하게 했다.

"평양에 갈 때는 선양 공항에서 압록강을 넘어 가는 경로를 이용
하는 것으로 알고 있습니다. 그런데 방금 이야기한 남북 직항로는 말
그대로 육지에 있는 휴전선을 넘었나요? 그렇지 않다면 그걸 진정
휴전선을 넘었다고 할 수 있나요? 우회해서 가지 않았나요?" 그 순
간 머리를 한 대 얻어맞은 기분이었다.

남북 관계의 특수성을 고려해, 서해로 돌아가는 우회 정도는 눈감
아버리고 싶었던 나를 돌아보게 했다. 오기가 생겨서 자료를 찾아보
았다. 2002년과 2003년 사이에 3번에 걸쳐 제주도민의 북한 방문이
있었다. 대규모 인적 왕래(총 766명)에다 국적기를 이용해 제주와 평양
간 직항편을 택한 것이었다.

(2002년 5월 10일) 이 항로는 제주를 출발해 중국 베이징 방향으로 향하
다가 서해상에서 다시 평양 쪽으로 트는 제주~평양 간 첫 하늘길 노선
이다. 제주~평양 간 직선거리는 1,528킬로미터지만 우회로를 이용했기

때문에 총 비행 거리는 2,100킬로미터 정도로 추정된다. 2000년 6월 남북정상회담에서도 서울~평양 간 직선 항로 대신 서해안 쪽을 우회하는 항로가 이용됐다.[53]

경유하지 않은 직항이었다. 하지만 휴전선을 곧바로 넘지 않고 우회한 것이었다. 그 대목을 읽은 순간 나중에 그에게 무슨 말을 해야 할지 고민에 휩싸였다. 더 찾아보았다. 그동안 알고 싶었지만 몰랐던 내용이 있었다. 2000년대 협의 과정을 위해 휴전선을 넘었던 기록이었다.

2004년 7월경부터 처음으로 남녘 관광객들이 금강산에서 하루 또는 일박이일 관광을 할 수 있게 되었다. 그 덕분에 남녘 민간단체들이 북녘 사람들과 금강산에서 만나 협의할 수 있었다. [...] 금강산 관광과 비슷한 때에 개성공단이 시험 가동되면서 개성에서도 북녘 사람들과 만나 협의를 할 수 있었다.[54]

추가로 이기범(어린이어깨동무 이사장)은 협의를 하고자 "개성을 갈 때는 공단 출입 차량처럼 자기 차를 직접 운전해서 들어갔다가 그날 바로

53) 제주 남북 교류협력 10년 발간위원회, 2009, 『평화의 감귤, 한라에서 백두 1999~2009』, (사)남북협력제주도민운동본부, 146쪽.
54) 이기범, 2018, 『남과 북 아이들에겐 철조망이 없다』, 보리, 9쪽.

나올 수 있었다"[55]고 했다. 그때 그 시절은 그랬다. 그렇지만 2008년 금강산 관광이 중단되고 2016년 개성공단이 문을 닫는 과정을 거치면서 한국 사회에서 남북 교류와 만남을 준비하기 위해 육로인 휴전선을 넘는 경우도 중단되었다.

한편, 이산가족 상봉의 추진 역사는 1971년 판문점 접촉에서 시작했다. 그곳은 민간들이 자유롭게 드나드는 곳이 아니다. 그렇다면 "그동안 다양한 방북의 사례들은 어디에서 준비했을까?" 또는 "그런 협의들은 휴전선을 넘어서 이루어졌지만 단지 알려지지 않은 것일까?"라는 생각이 꼬리를 물었다.

1990년대 전후와 2000년대를 알아보았다. 정주영이 방북해 금강산 관광 관련 의정서를 체결한 것은 1998년이 아닌 1989년이었다고 기록에 나온다. 그때 그가 택한 방북 경로가 어떤 것이었을지 추론해볼 단서가 있다. NGO 단체가 2004년 6월 평양에 어깨동무어린이병원을 세웠다.

건물을 함께 지었다는 것은 많은 만남의 결과일 것이다. 그렇다면 어떻게 가능했던 것일까? 이기범(어린이어깨동무 이사장)은 1998년 처음으로 방북했다. 49번 방북 경험을 담은 그의 책에서 서술한 궤적을 따라가면 그 답의 실마리가 보인다.

1990년대에는 고려항공 편으로 베이징에서 평양을 다녔는데 비행시간

---

55) 이기범, 2018, 『남과 북 아이들에겐 철조망이 없다』, 보리, 22-23쪽.

은 한 시간 반쯤 걸린다. 2000년대 들어 교류가 늘면서 선양에서 출발하는 편을 타게 되어 비행시간이 40분 남짓으로 줄었다.[56]

그와 같이 방북의 길은 하나가 아니었다. 그의 책에는 방북을 위해 베이징에 있는 북한사람을 만나다 보니 "내 여권에는 중국 방문 기록이 가득하다"[57]고 덧붙이고 있다. 휴전선 넘나들기에 대한 자료를 더 찾아보았다. 개성공단과 금강산·개성 관광 이외에 한국에서 휴전선을 넘어 북한 지역을 방문한 방식의 기록은 거의 없었다. 그나마 아래 사례들이 2003년 노무현 정부 때에 있었던 휴전선 넘나들기의 실상을 부분적으로 드러낸다.

1998년 금강산 관광 뱃길이 열린 지 5년 만인 2003년 서울과 평양을 잇는 순수 관광 목적의 하늘길이 처음으로 열린 셈이다. 2003년 그렇게 천여 명의 남쪽 사람이 해외 여행단처럼 평양, 묘향산, 백두산을 다녀왔다.[58]

(2003년 10월) 경의선 육로를 통해 평양을 찾은 [...] 류경 정주영체육관 개관식 참관과 평양 일대를 둘러보는 관광을 가진 뒤 귀환했다. 경의선 육로를 통해 이 같은 대규모 인원이 서울과 평양을 오간 것은 한국전쟁

---

56) 이기범, 2018, 『남과 북 아이들에겐 철조망이 없다』, 보리, 271쪽.
57) 이기범, 2018, 『남과 북 아이들에겐 철조망이 없다』, 보리, 93쪽.
58) 정창현, 2007, 『북녘의 사회와 생활』, 민속원, 7쪽.

이후 처음이다.[59]

그런 시절도 있었다. 그런데 위 사례에서 보듯 휴전선 넘나들기와 관련하면 자주 나오는 단어가 있다. "처음"이다. 2019년 전후에는 "몇 년 만"이라는 말이 자주 등장하곤 한다. "처음"과 "몇 년 만"이라는 조합 이외에 남북 교류와 만남의 역사를 아는 범위 내에서 살펴보아도, 휴전선을 넘어 평양에 간 길은 한번 만들어지고 계속 이어지지 않은 중단과 재개의 역사였다.

평양을 실시간으로 연결해서 생방송으로 뉴스를 전해드리는 게 정확히 10년 만인데요.[60]

(2018년) 오늘(10일) 오전 북측에서 64명이 서울로 내려옵니다. 또 오후에는 우리 쪽에서 151명이 평양을 찾습니다. 양측 모두 경의선 육로를 이용합니다. 우리 민간인이 육로를 통해 평양을 방문하는 것은 7년 만입니다.[61]

김정은 위원장도 "너무나 쉽게 넘어온 역사적 이 자리까지 11년이 걸렸는데, 걸어오면서 보니까 왜 그 시간이 오래됐나 왜 오기 힘들었나

59) 장용훈, 2003, 「확대된 민간교류 현사유지 당국 관계」, 『통일한국21(12)』, 평화문제연구소, 33쪽.
60) 《KBS》 2018년 8월 14일자, "10년 만에 평양 생방송 연결?"
61) 《JTBC》 2018년 8월 10일자, "오전 64명 방남, 오후엔 151명 방북"

생각이 들었다"라고 표현했다. 이처럼 2018년 다시 열린 휴전선 넘나들기는 세월의 간극을 드러낸다. 역설적으로, 예전에 그런 남북의 만남이 있었음을 제시한다. 이후 달라졌다고 할 수 있을지 모르겠다. 2018년 한해 NGO 단체의 방북 현주소가 어린이어깨동무의 『소식지』에 담겨 있다. 이 단체의 관계자들은 4번 방북했다. 내가 아는 범위 내에서 가장 많다.

> 그동안 멈춰 있던 대북협력 사업을 다시 시작하게 되었습니다. 9월 어린이어깨동무 이기범 이사장이 평양 남북정상회담 특별수행원으로 평양을 방문한 이후, 최혜경 사무총장이 평양 10·4 선언 11주년 기념 공동 행사에 참석했고 대북협력 민간단체협의회(약칭 북민협)와 함께 2회에 걸쳐 평양을 방문했습니다.[62]

글을 계속 읽다 보면 이기범(어린이어깨동무 이사장)은 "9년 만에 평양으로 나선 길입니다"라고 했고 최혜경(어린이어깨동무 사무총장)은 "5년 만에 다시 찾은 평양 순안 국제공항 모습입니다"라고 말한다. 첫 방문은 정부 일원 자격이었다. 나머지 세 번은 민간단체 자격으로 간 것이었다. 네 번 다 하늘길을 이용한 것은 같지만 경로는 다르다.

두 번은 휴전선을 넘었다. 두 번은 중국 선양(심양)을 거쳐 압록강을 넘었다. 교통수단이 다양하다. 한 번은 문재인 대통령과 함께 직항

---

62) 어린이어깨동무, 2018, 『어깨동무 2018 겨울』, 어린이어깨동무, 2쪽.

편을 이용했다. 그런데 한 번은 과거에도 이용했던 전세기가 아니다. 대북 제재로 공군 수송기를 타고 휴전선을 넘었다. 나머지 두 번은 북한의 고려항공으로 압록강 상공을 넘었다.

2018년 남북 교류와 만남의 경로는 과거의 방식에서 벗어나지 않았다. 아직, 활발한 휴전선 넘나들기는 목격되지 않고 있다. 제3국 경로가 여전히 이용되고 있다. 정부나 특정 부문이 아닌 민간인들에게는 더욱 그렇다.

2011년 12월 김정일 국방위원장 사망을 계기로 이희호 여사와 현정은 현대그룹 회장이 조문 차 평양을 찾았습니다. 당시 방북 일행은 차량을 타고 서울을 출발해 파주와 개성을 잇는 경의선 육로를 이용했습니다. 통상 3시간이면 닿는 거리지만 한동안 경의선 육로를 이용한 평양 방문은 민간인들에게 허용되지 않았습니다. 대신 중국을 경유해야 했습니다.[63]

2019년 전후, 개성으로 가는 길을 재개하고자 사업가들이 방북을 신청했다. 그것도 8번이나 했다가 9번 만에 통일부 승인을 받았다. 하지만 2019년 11월 아직 그들의 방북 길은 열리지 않고 있다. 금강산은 이산가족 상봉 혹은 행사로 그 길이 한두 번 열렸다. 한국 사회가 희망하는 금강산 관광의 길은 열리지 않고 있다.

휴전선 이외의 국경 넘나들기도 멈추곤 한다. 그래도 휴전선만큼

---

63) 《JTBC》 2018년 8월 10일자, "오전 64명 방남, 오후엔 151명 방북"

은 아니다. 2019년, 휴전선을 넘나든다는 소식이 들리지 않을 때도 나의 인류학 노트에는 방북 경로를 보여주는 사례가 쌓인다. "법륜 스님은 대북 구호단체 한국 JTS 이사장으로 이날(2019년 5월 3일) 중국을 경유해 북한을 찾았다."[64] 2019년 가을 또 하나의 기록을 써내려 갔다. 평양 원정을 떠난 축구 대표팀은 베이징을 거쳐서 방북했다.

---

64) 《중앙일보》 2019년 5월 4일자, "법륜 스님, 북한 초청으로 4박5일 방북"

과거와 같은 듯 다른:
기대와 현실 사이의 간극

남북 정상회담들의 토대 차이

한국 사회는 제3차 남북 정상회담에서 다양한 의미와 배경을 말한다. 한 언론은 "4·27 남북정상회담, 1·2차와 5가지가 다르다"는 제목 하에 "핵 의제·북미 정상회담·시기·회담 장소·일정"[65]의 차이를 언급한다. 그 분석을 접하며, 뭔가 하나가 빠졌다는 느낌이 들었다. 그래서 3번의 정상회담과 궤적을 함께한 나의 연구 흐름을 되돌아보았다.

제1차 남북 정상회담이 있던 2000년 6월 나는 대학원 첫 학기를 막 마무리하던 중이었다. 그해 여름 두만강을 처음 마주했다. 그곳에서 남북을 포함해 여러 만남을 경험했다. 남북 정상은 그때 처음 만

---

65) 《오마이뉴스》 2018년 4월 26일자, "4·27 남북정상회담, 1·2차와 5가지가 다르다"

났지만, 내게는 그 때문에 낯설지 않았다. 1990년 전후에서 2000년 이전 10여 년 동안 휴전선을 넘나드는 남북 만남을 자주는 아니더라도 접할 수 있었기 때문이었다.

제2차 남북 정상회담이 있던 2007년 10월에는 중국 단둥에서 한창 인류학 현지 조사를 하던 때였다. 연구 지역 곳곳에서 남북 사람들이 만났다. 그런 삶들 속에서 남북 정상회담은 마치 당연한 만남 같았다. 수많은 만남 가운데 다만 특별한 것 정도로 여겼다. 2007년 12월 대통령 선거 날에 북한사람과 5차까지 술잔을 기울였던 일은 단둥사람 사이에서는 흔한 일상 그 자체였다.

2018년 제3차 남북 정상회담에서 아쉬움을 느꼈던 이유는 바로 그런 배경 때문이었다. 그 전후를 살펴보면, 국가 주도의 평창올림픽 혹은 예술단 방문과 같은 만남뿐이었다. 민간 차원의 만남은 찾기 어려웠다. 그런 상황에서 제3차 남북 정상회담이 성사되었다는 사실이 제1차나 제2차 회담과 달랐다.

그 또한 나만의 짧은 생각일지 모르겠다. 노무현 대통령은 군사분계선 앞에서 "그동안 여러 사람들이 수고해서 이 선을 넘어가고 또 넘어왔습니다. [...] 제가 다녀오면 또 더 많은 사람들이 다녀오게 될 것입니다"라는 말을 남겼다. 그의 말 가운데 "더 많은 사람들이 다녀오게 될 것입니다"는 바로 다음 해(2008년)부터 빗나가고 말았다.

그러나 노무현 대통령은 남북 교류와 만남의 다양한 방식과 역할을 알고 있었다. 그는 그 토대 위에서 미래를 논했다. 제2차 정상회담은 국가뿐만 아니라 개인 혹은 민간 차원, 즉 다양한 주체가 만들고 쌓아온 선(국경)을 넘어가는 교류 속에서 성사되었다. 그는 "이 선을 넘어가고 또 넘어왔습니다"라고 언급했다. 2018년 상황은 달랐다. 제3차 남북 정상회담 이전의 상황을 강영식(우리민족서로돕기운동 사무총장)은 설명한다.

> 정부 간에는 봄이 오고 있지만 민간은 봄이 오고 있지 않다. [...] 문재인 정부가 출범한 5월 10일 이후부터 7~8개월간 단 한 건의 물건도 들어간 적이 없고, 단 한 명의 민간인도 방북하지 못해 오히려 지난 보수 정부보다 더 심한 상황이 지속됐다.[66]

제1차 남북 정상회담 전, 김대중 정부는 초기(1998년)부터 민간단체의 남북 교류를 지원했다. 시기를 달리해서 제1차 정상회담과 제2차 정상회담, 2000년과 2007년 사이를 들여다보아도 남북 만남은 정부의 전유물이 아니었다. NGO 단체 회원인 어린이들도 남북의 만남에 동참하던 때였다. 정부와 민간이 어떤 길을 어떻게 함께 걸었는지 설명하는 사례는 많다.

> 1998년 국민의 정부가 출범하면서 [...] 북에 대한 정책은 보다 많은 접촉, 보다 많은 대화, 보다 많은 협력으로 바뀌었다. 민간이 하는 협력도 긍정적으로 인식하여 1998년 3월에 민간 차원 대북지원 활성화 조치를

---

66) 《통일뉴스》 2018년 4월 17일자, "남북 정상, 민간교류 보장, 제도화 선언해야"

발표하고 남북협력기금을 민간단체에 나누어주기 시작했다.[67]

2004년 6월에 어깨동무어린이병원을 세우면서 어린이 열한 명과 함께 북녘을 찾았다. 남북으로 분단된 뒤 반세기 만에 처음 있는 일이었다.[68]

(2000년~20007년) 7년 동안 희망의 길, 평화의 길이 만들어졌다. 민간이 길을 열고 정부가 길을 다졌다. 그 길을 통해 사람이 오가고 접촉이 이루어졌다. 길을 따라 협력이 싹트고 평화가 만들어졌다.[69]

1990년대 전후로 거슬러 올라보았다. 통일부 홈페이지 남북교류협력 연혁에 "1988년 11월 대우가 도자기 519점을 북한으로부터 반입을 했다"고 나온다. 어린이어깨동무(NGO 단체)는 1996년부터 대한적십자사를 통해 북녘 어린이들에게 분유와 의약품을 전달하기 시작했다. 민간단체 관계자의 책들을 읽다 보면 "1998년 11월 나는 처음으로 평양 땅에 발을 내디뎠다"[70]와 같이 1990년대를 회상하는 글이 눈에 띈다. 이는 제1차 남북 정상회담 이전, 민간인들이 걸어온 남북 교류와 만남 중에 몇 개만 언급했을 뿐인 것이다.

그런 역사와 달리 2018년 전후 한국 사회는 제3차 정상회담(2018년

---

67) 이기범, 2018, 『남과 북 아이들에겐 철조망이 없다』, 보리, 60쪽.
68) 이기범, 2018, 『남과 북 아이들에겐 철조망이 없다』, 보리, 9쪽.
69) 임동원·백낙청, 2010, 『다시 한반도의 길을 묻다』, 삼인, 11쪽.
70) 이기범, 2018, 『남과 북 아이들에겐 철조망이 없다』, 보리, 10쪽.

남북의 간판이 나란히 보인다(2007년 12월)

4월) 이전 10여 년 동안 개성공단을 제외한 다른 주체의 경험이 거의 없다는 사실에 주목하지 않았다. 더불어 앞으로 전개될 남북 만남에서 그들(예를 들어 민간단체)이 적극적으로 참여한다든가, 남북 간의 숙제를 정부와 함께 모색하려는 움직임이 잘 보이지 않는다. 혹시 나만 못 찾는 것인가?

평화와 협력의 길에는 정부뿐만 아니라 사람(민간)이 만나야 하는데 사람이 빠진 모습이다. 망각되는 20여 년 동안 정부와 민간이 앞서거니 뒤서거니 했던 남북 만남의 역사에 관심이 없다. 잃어버린 10여 년에서 막 벗어나는 순간에, 남북 만남의 주체로 참여하기보다 서울의 평양냉면 집 앞에 줄을 서는 개인(민간)만이 부각되는 것이 지금의 한국 사회다.

나는 그런 모습이 어색하다. 2018년부터 2018년 9월 말까지 민간 차원의 방북 10건에서 대북 NGO 단체의 참여는 하나도 없었다. 그런 시기를 강영식(우리민족서로돕기운동 사무총장)은 시민사회 역할이라는 관점에서 고민한다.

남북 관계의 질적인 변화가 곧바로 민간 교류의 확대발전으로 이어진다고 낙관만 할 수 있는 것은 아니다. 즉, 남북 관계의 근본적 특성상 대북 정책과 통일 논의를 국가가 독점하는 상황이 더욱 강화될 수 있는 상황에서 어떻게 시민사회가 독자적 활동 공간을 확보할 수 있는가를 함께 고민해야 나가야 하는 이중적 과제가 시민사회에 제기되고 있음을 직시

해야 한다.[71]

그렇다면 정부가 아닌 시민사회의 독자적 활동 공간은 어떻게 확보할 수 있을까? 남북 교류와 만남이 걸어왔던 역사는 그 방법을 보여 준다. 2000년 1차 정상회담 전후 정부와 시민사회의 역할 분담을 통해 전개되었던 남북 관계에 대해서 박한식(미국 조지아대 석좌교수)은 회고한다.

김대중 정부는 민간단체를 통한 교류협력을 장려하는 선민후관(先民後官), 민간기업의 대북 경제협력을 확대하고 경제 지원으로 실질적인 도움을 주는 선경후정(先經後政) [...] 등의 원칙을 세우고 대북 정책을 차근차근 발전시켜 나갔습니다. 그 성과가 2년 뒤 남북정상회담으로 나타났다고 할 수 있습니다.[72]

제1차 정상회담 이전 상황을 더 살펴보면, 정세현(전 통일부 장관)은 한 일화를 언급하며 1998년 김대중 정부가 남북 관계에 임했던 전략과 그 입장을 드러낸다. 그가 쓴 책의 부제는 "그렇다면 돌아간다!"이다.

(1998년 4월 17일, 베이징 비료 회담 결렬 이후) 처음부터 당국 간 접촉을 통

71) 강영식, 2018, 「민간의 대북협력 정상화를 위한 과제와 해법 모색」, 『한반도 평화시대를 여는 남북 민간교류협력』, 우리민족서로돕기운동, 43쪽.
72) 박한식·강국진, 2018, 『선을 넘어 생각한다』, 부·키, 175-176쪽.

해서 북한 변화의 물꼬를 트기가 현실적으로 어렵다는 것이었죠. "그렇다면 돌아간다. 민간부터 시작하자"는 방침을 정한 겁니다. [...] 4월 18일부로 민간인의 북한 방문 승인 조건을 대폭 완화하고 4월 30일부로 민간기업의 대북 투자 상한선을 철폐함으로써 금강산 사업도 가능해졌고 결국 무수한 접촉점을 찍어나갈 수 있게 된 것입니다.[73]

위의 글처럼 김대중 정부 초기에도 남북 관계가 언제나 좋았던 것만은 아니었다. 그렇다 해도 2019년 전후 문재인 정부의 톱다운 방식을 택하지 않았다. 혹자는 그때와 지금을 구별하여 대북제재를 거론할지도 모른다. 그러나 김대중 정부 당시 시민사회가 참여한 방식의 핵심은 사람이 만나는 장을 만들고 분위기를 유도한 것이다. 대북 제재 아래라 하더라도 만남에는 제약이 없다.

"남북 관계의 폭이 넓어지고 깊이가 깊어지면서, 두번째 만난 정상회담에서 나왔기 때문에 10·4 정상선언은 당연히 조항도 더 많고 내용도 상대적으로 더 구체적입니다"[74]라고 정세현(전 통일부 장관)은 설명한다. 여기에서 "남북 관계의 폭"은 정부만이 만든 것이 아니다. 문재인 대통령과 김정은 위원장이 만난 지 약 2년 동안 한국 사회가 무엇을 했는지 묻게 한다.

---

73) 정세현, 2013, 『정세현의 통일토크』, 서해문집, 104-105쪽.
74) 정세현, 2013, 『정세현의 통일토크』, 서해문집, 189쪽.

민간(사회문화경제) 교류의 현주소: 기다림, 기대, 열림, 멈춤의 반복

남북 교류와 만남의 현장에서 활동하는 사람들이 있다. 언론 종사자도 있겠지만 북한 관련 NGO 단체 실무자나 대북 사업가들을 우선 꼽을 수 있다. 잃어버린 10여 년 동안 나는 약하게나마 NGO 단체들과 관계를 지속했다. 곁에서 그들을 지켜볼 때마다 안타까움이 앞서곤 했다.

30대 초반이었던 실무자들이 40대 초반이 되었는데 그들은 여전히 단체의 막내 자리를 맡고 있다. 간간이 제3의 방식으로 남북 교류를 하며 남북의 만남이 다시 활성화되기를 무던히 기다린다. 휴전선의 벽만 높은 것이 아니었다. 미국과 유엔의 대북 제재만도 아니다. 남북 교류와 만남에 도움이 되지 못하는 한국 정부의 벽이 높음을 그들과 내가 실감했던 잃어버린 10여 년의 시기였다.

1996년에 출범한 어린이어깨동무(NGO 단체)의 방북 경험을 담은 『남과 북 아이들에겐 철조망이 없다』(보리, 2018)에는 "남북 협력의 시계가 멈췄다"라는 부제와 함께 "정부 방침에 따라 인도적 협력이 가다 서다 되풀이하더니 어느 순간 아예 멈춰 서버렸다. 그렇게 철저하고 오래 중단될 줄 몰랐다"고 서술한다. 1996년부터 활동한 우리민족서로돕기운동(NGO 단체)의 『2018년 사업보고서』에도 그 기다림의 세월이 "7년"과 "10년"이라는 숫자로 남아 있다.

2018년 11월 28일부터 12월 1일까지 3박4일 일정으로 대표단 15명이 평양을 방문하였습니다. 우리민족서로돕기운동의 방북은 7년 만이자, 공식 대표단 방북은 2009년 5월 이후 거의 10년 만입니다.[75]

2017년 5월 문재인 정부 출범 이후 약 18개월의 기다림 끝에 열린 방북이었다. 그런데 그 이후에 민간 교류의 활성화로 곧장 이어지는 형국도 아니었다. 2019년 2월 북미 정상회담 이후 추진하던 여러 건의 방북이 2019년 11월 현재까지 지연되고 있다.

이처럼 문재인 정부 출범 이후 기다림의 성격은 다소 변했다. NGO 활동가 가운데 몇은 2018년 한 해에 두세 번 평양에 다녀왔다. 하지만 NGO 단체의 남북 교류와 만남은 기다림, 기대, 열림, 멈춤이 반복되고 있다.

위 『사업보고서』를 더 살펴보면 열린 남북 교류와 만남의 방식이 어떤 것이었는지 더 들여다볼 수 있다. 2018년 11월 방문 경로가 휴전선을 넘어간 것이 아님을, 비행기로 압록강을 넘었음을, 물자 지원도 중국 단둥에서 압록강을 넘어 북한 신의주로 향했음을, (대북 제재 하에서) 해외동포단체와 협력이 필요했음을 알 수 있다.

추가로, 이 단체가 2018년 이전에 걸어온 궤적은 약 20년(1998~2018)간 방북 횟수(578회) 및 방문 인원(6,578명)을 정리한 표를 보면 알 수 있다. 그 통계는 잃어버린 10여 년 동안 빈칸이 많다. 따라서 2018년이 아니라 2008년까지를 정리한 것이고 그렇게 이해하는 쪽이 옳다.

---

75) 최완규 외, 2019, 『우리민족서로돕기운동 2018년 사업보고서』, 우리민족서로돕기운동, 14쪽.

그 단체가 방문한 지역은 주로 평양(235회와 3,092명)과 개성(90회와 3,125명)이다. 남포와 금강산이 그 뒤를 잇는다. 또한 통계 숫자는 협력하는 해외동포들이 주로 방문한 북한 지역이 중·조 국경(두만강과 압록강)의 도시임을 보여준다.

왜 휴전선이 아니라 압록강을 건넜는지, 방문한 지역이 개성과 평양으로 집중된 것의 의미가 무엇인지 설명은 다른 곳에서 따로 하겠다. 여기에서는, 2019년 전후 한국 사회의 남북 교류와 만남 가운데 민간(사회문화경제) 교류가 처한 상황부터 살펴보겠다. 기자가 "요즘 남북 교류에서 민간이 보이지 않는다는 지적이 있다"고 질문하자, 강영식은 박근혜 정부 후기와 문재인 정부 초기에 해당하는 2016년에서 2018년의 상황을 말한다.

문재인 정부가 들어서자 여러 분야에서 남북 교류가 활발해졌을 것으로 여기는 이들이 많다. 그러나 실제 상황은 다르다. 대북 지원은 아직도 바닥이다. 최악은 박근혜 정부 말기인 2016년과 문재인 정부가 들어선 2017년도다. 이 2년 동안 민간단체가 대북 지원을 시작한 이래 처음으로 북녘 땅을 전혀 밟지 못했다.[76]

2018년 가을 전후 민간단체의 방북이 시작되었지만, 2019년 이후에도 위에서 말한 상황과 차이를 느끼기 어렵다. 당국 위주의 남북 관

---

76) 《연합뉴스》 2019년 3월 3일자, "강영식 사무총장 남북 민간교류 자율성 더 넓혀줘야"

계는 지속되고 있다. 민간 교류의 확대는 거의 이루어지지 않고 있다.
이를 두고 "민간 패싱"이라는 말까지 나돈다.

위의 글에서는 "최악은 박근혜 정부 말기인 2016년과 문재인 정부
가 들어선 2017년도"라고 기록한다. 이쯤에서 남북 관계에서 2018년
은 어떤 상황이었는지 되돌아보았다. 언론은 통일부가 발간한 『2019
통일백서』를 바탕으로 보도했다.

2018년 남북 간 왕래 인원은 방북 6,689명, 방남 809명 등 7,498명이
었습니다. 남북 관계가 꽉 막혀 있던 2017년 방북 52명, 방남 63명 등
115명에 불과했던 것과 비교하면 무려 65배 이상 급증한 수치입니다.
철도·도로 연결 및 현대화, 체육 교류, 산림 협력 등 당국 간 교류 협력
이 활발히 진행되고, 체육·종교·학술 등 민간과 지자체 차원의 교류 협
력도 이루어졌습니다. 이에 따라 경의선과 동해선 육로를 통한 남북 차
량 왕래 횟수도 지난해 6,000차례에 육박했습니다. 2017년 차량 왕래가
전혀 없었던 것에 비하면 눈에 띄는 증가입니다. 선박과 항공기가 남북
을 오간 것도 2016년과 2017년 한 건도 없었지만, 지난해에는 각각 1차
례, 10차례로 집계됐습니다. 통일부가 지난해 북한 주민 접촉신고를 수리
한 건수도 사회문화 분야 414건, 남북 경제협력 분야 149건 등 707건으
로 전년의 199건에 비해 약 3.5배 증가했습니다. [...] 우리 정부 역시 대
북 제재를 준수하고 있는 상황에서 당연히 상업적 교역은 한 건도 없었
고, 정부·민간 차원의 지원이나 사회문화 협력과 관련한 비상업적 거래
가 전부였습니다. [...] 9월에는 개성 남북공동연락사무소가 개소됐습니

다. [...] 이렇게 24시간 365일 상시 소통과 협의가 가능한 제도가 만들어진 것은 처음입니다. 통일부는 "남북대화가 일상화 단계에 접어들었다"고 평가했습니다.[77]

2018년 남북 관계를 정리한 『통일백서』의 언론 보도는 "작년 남북 인적교류 대폭 늘어"가 헤드라인이다. 통계 숫자가 상황을 그대로 담기는 어렵다. 그렇다 하더라도 그런 평가는 피부에 와 닿지 않았다. 위 내용을 나만의 방식으로 다시 읽기를 시도해 보았다.

위 통계는 2018년과 2017년을 비교한다. 기사 안에서도 밝히듯, 2017년은 "남북 관계가 꽉 막혀 있던" 때이다. 전해와 비교하는 일은 당연할 것이다. 하지만 가장 안 좋은 시기가 기준이 된다는 점은 적절하지 못하다. "민간과 지자체 차원의 교류 협력도 이루어졌다"고 평가했는데, 나중에는 민간이 주도하는 "상업적 교역은 한 건도 없다"고 말한다. 정확하게 알기 위해서는 더 꼼꼼히 읽어야 한다.

"북한 주민 접촉신고를 수리한 건수"도 "707건으로 전년의 199건에 비해 약 3.5배 증가"했다고 한다. 하지만 그것은 만날 계획을 말한 것이다. 707건이 모두 만남으로 이어지지 않았다. "수리한 건수"의 증가 자체가 남북 관계를 말할 수는 없다. 엄밀히 말하면 이는 단지 한국 정부의 태도 변화를 의미하는 것이다. 문재인 대통령은 2017년 5월 10일에 취임했다.

---

77) 《KBS NEWS》 2019년 3월 21일자, "인적교류는 급증한 반면 경제협력은 썰렁"

"방북 6,689명"과 "경의선과 동해선 육로를 통한 남북 차량 왕래 횟수도 6,000차례"라고 한다. 그 횟수는 2018년 9월 가을에 열린 남북 정상회담 전후 몇 차례 대규모 방북단들과 같은 달 9월에 개소한 남북공동연락사무소의 출퇴근 인원이 기여한 바가 있을 것이다. 따라서 의미는 있다. 하지만 전체 상황을 이해하기에는 부족하다.

제도를 만들고 공간을 만들었다고 이상적으로 운영된다는 보장은 없다. 그런데 "통일부는 남북 대화가 일상화 단계에 접어들었다"고 말한다. 나는 2018년 남북공동연락사무소의 현황을 알기에 그 말이 어색하다.

『통일백서』 통계에서 민간 차원의 기다림, 기대, 열림, 멈춤의 반복을 읽기는 어렵다. 그러나 현실은 그렇다. 2017년과 비교하는 2018년의 통계 수치에서는 드러나지 않는 민간(사회문화경제) 교류의 현주소는 다르다. 2018년 남북 관계의 궤적을 바라보는 정부와 언론 그리고 내가 느끼고 생각하는 것에 분명 차이가 있다. 기록의 주체가 다르면 해석도 달라진다는 말이 와 닿는다.

2020년 출판될 『2020 통일백서』에는 어떤 통계들이 남을지 궁금하다. 2019년 11월까지 상황만으로 판단하면 "작년(2019년) 남북 인적 교류 대폭 줄어"라는 반대의 헤드라인이 보도될 것 같다. 하지만 아직 반전의 기회가 2달이 남았다고 위안을 삼아본다. 아래는 2017년 12월에 통일부 정책혁신위원회가 민간 교류협력 분야에 대해 언급한 내용 가운데 일부이다. 그러니까 2018년이 시작되기 전에 제안한 것이다.

북한 주민접촉 신고 제도는 승인제가 아니라 신고제의 취지에 충실하게 운영될 필요가 있고 또 신고 절차도 간소화하여야 함. [...] 북한 주민접촉 또는 방북은 대북 제재 국면이라고 하더라도 유엔 안보리 결의 또는 국가안보에 반하지 않는 한 널리 허용되는 것이 바람직함.

제안은 제안으로 끝났다. 2018년 한 해를 정리한 『통일백서』에는 위의 내용이 없다. 그와 관련하여 2018년 9월 정책 토론회에서 "현시점에서 근본적인 혁신을 찾아보기는 어렵다"[78]는 발표가 있었다. 또 시간이 흘러 약 1년이 지난 2019년 가을에도 마찬가지다. 나는 "북한 주민접촉 신고"제도가 승인제에서 신고제로 바뀌는 날이 언제쯤으로 기록이 될지 궁금하다.

그날이 남북 교류와 만남의 전환점이 될 것으로 생각하기 때문이다. 지금은 이 책의 빈칸에다 그 날을 펜으로 표시하도록 독자의 몫으로 남길 수밖에 없다. 남북 교류가 다시 본격화하지 못할 때, 그저 휴전선에서 기다리는 동안에도 남북 만남의 제도를 바꾸는 노력은 해야 하지 않을까? 대북 제재가 해제되었는데 여전히 승인제가 유지된다면 체면이 서지 않는다.

---

78) 강영식, 2018, 「민간의 대북협력사업 정상화를 위한 과제와 해법 모색」, 『한반도 평화시대를 여는 남북 민간교류협력』, 우리민족서로돕기운동 자료집, 정책토론회, 52-53쪽.

희망과 개발 담론의 홍수

열차 타고 평양 가기를 다시 꿈꾸다

나는 설렌다. 철조망에 갇힌 한국을 사람들은 사실상 섬으로 표현한다. 그런 곳에서, 한반도에서 대륙으로 진출하는 교두보가 될 남북철도 연결은 생각만 해도 가슴 뛰는 일이다. 하지만 그 꿈은 새로운 것만은 아니었다. 흩어진 자료를 모아보면 실천의 발자국이 드러난다.

그 꿈이 발걸음을 뗀 것은 1982년 2월 북한에 제의했던 20개 시범실천사업 가운데 하나인 "서울~평양 간 도로 연결"[79]이다. 1991년 국회의원을 포함한 25명의 대표단이 "판문점을 거쳐 개성에서 특별열차 편으로 평양"으로 향했다.[80] 길게는 약 40년, 짧게는 약 30년 전

---

79) 정세현, 2013, 『정세현의 통일토크』, 서해문집, 48쪽.
80) 박영숙, 2010, 「8박 9일의 북한체류기」, 『다시 한반도의 길을 묻다』, 삼인, 365쪽.

기록이다.

다시 약 10년이 지난 뒤 한국 사회는 한 걸음 더 나아갔다. 2000년 9월 18일 경의선 착공식, 2년 뒤인 2002년 9월 18일 경의선과 동해선 철도·도로의 연결식이 아닌 재착공식이 있었다. 철도·도로 연결식은 2003년 6월 14일 있었다. 2007년 10.4 선언에 "남과 북은 2008년 북경 올림픽에 남북 응원단이 경의선 열차를 처음으로 이용하여 참가하기로 하였다"고 명시되었다. 즉 대륙 연결의 꿈을 구체적으로 꾸기도 했다.

그런데 현실에서 성사되지 않았다. 한동안 거기까지였다. 또 10여 년이 지난다. 2018년 제3차 정상회담 전후부터 한국 사회는 다시 한번 현실의 장에서 한반도와 대륙의 연결을 희망했다.《JTBC 뉴스룸》에서 그 상황을 전했다.

1936년 24살 마라톤 선수인 손기정은 열차를 타고 유라시아 대륙을 횡단해서 올림픽에 참가 했습니다. 일본은 대륙과 끊어진 곳이기에 청년은 시모노세키 항에서 배를 타고 부산항에 도착한 뒤에 열차를 타고 베를린으로 들어갔습니다. 지금으로부터 82년 전. 열차로 대륙을 건너갔던 나라 잃은 젊은이는 차창 너머 풍경에서 무엇을 읽어냈을까. [...] 서울발 평양행 열차표. 2만 7,000원 자유석. 어제 오후에 서울역 플랫폼 전광판에는 행선지 평양을 알리는 주황색 글자가 선명하게 떠올랐습니다.[81]

---

81) 《JTBC 뉴스룸》 2018년 6월 4일자, "[앵커브리핑] 달렸다, 손기정은"

아마도 개성공단, 금강산 관광과 더불어 남북철도 연결은 2019년 전후 한국 언론과 각종 학술대회에서 가장 많이 언급된 말일 것이다. 사람들은 서울에서 출발한 열차가 북한 국경 도시 신의주에 도착한 뒤 중국 국경 도시 단둥으로 향하는 장면을 말하며 스스로 상상력을 자극한다. 한국 사회 여기저기서 남북철도의 의미와 경제적 가치를 이야기한다. 그만큼 한국 사회가 함께 말하고 꿈꾸는 미래도 없을 것 같다.

> 끊어진 철도를 다시 잇는 것만큼 가시적이고 상징적인 것이 또 어디 있겠는가. 끊어진 철도를 다시 잇는 것은 끊어진 민족의 혈맥을 다시 잇는 것이자 끊어진 역사를 다시 잇는 것이다. [...] 비행기가 아니라 열차로 국경을 넘는 꿈.[82]

이번에는 금방 현실화될 것 같았다. 2018년 11월과 12월 남북철도 공동조사와 착공식도 있었다. 2019년 3월 통일부는 남북철도 결과를 국회에 보고했다. 요지는 "북측 철도 구간의 노후화가 심각해 일부 구간의 경우는 운행 속도가 시속 10킬로~20킬로에 불과"하다는 것이었다. 그와 관련하여 한국 언론은 철도조사 결과 공개에 대한 북한의 "무례하다"는 반응을 한국 사회에 전했다.

상황은 그렇게 돌아갔다. 하지만 통일부 당국자는 "남북철도 연결

---

82) 정청래 외, 2018, 『정세현·정청래와 함께 평양 갑시다』, 푸른숲, 80-81쪽.

및 현대화, 연내(2019년) 설계까지가 목표"라는 희망을 제시하기도 했다. 조건에 따라 변할 연결 비용을 논외로 치더라도, "남북철도 연결의 꿈이 이뤄지기까지는 상당한 시일과 노력이 소요"될 것이라는 전망도 나온다. "기본계획 수립과 설계에 들어가는 기간만 최소 2년 이상 걸릴 것으로 추정된다"는 의견도 있다. 2019년 가을 현재까지 착공식 이후에 어떤 움직임도 없다. 2년 뒤 재착공식하는 역사를 반복하지 않기를 바랄뿐이다.

남북철도와 함께 꿈꾸는 다른 바람

2019년 현재 미국이나 한국 국적이라면 북한 여행을 자유롭게 갈 수 없다. 하지만 단둥역에는 그 외의 나라 사람들이 평양행 국제열차를 타기 위해 모여든다. 그 모습을 바라보며 나는 혼자 상상을 펼쳐보곤 한다. 지금 이 순간 한국 정부가 대북 제재와 상관없이 북한 여행을 허용하면 어떻게 될까?

그 경우 평양에 가기 위해 남북철도가 연결되기를 기다릴 필요는 없다. 단둥에서 평양행 국제열차를 타는 여행은 지금이라도 가능하다. 그런데 한국 사회는 그 길보다 남북철도를 연결해 서울에서 평양과 대륙으로 가기만을 말한다. 그런 희망은 구체적인 계산을 동반한다.

지금 베이징~상하이 고속열차가 1,318킬로미터를 4시간 48분에 주파하

는 것을 감안할 때 비슷한 거리인 서울~베이징도 4시간대에 오갈 수 있으리라고 본다.[83]

위 계산법은 중국 상황을 고려하지 않은 단순한 대입이다. 지금도 단둥~베이징 구간이 6시간 남짓 걸린다. 기대를 말했다는 편이 옳다. 그렇다. 그런 상념에 잠기다가 근거를 찾아서 구체적으로 떠올려보았다. 아래는 국제열차를 타고 몽골과 중국 국경을 넘는 과정을 묘사한 것이다.

이곳(몽골 자민우드역)에서 1시간 40분 정도 정차하며 출국심사 후 중국으로 넘어가 여행자들 사이에서 악명 높은 중국 입국심사를 받을 예정이었다. 어제 받았던 심사와 마찬가지로 세관과 출입국담당관, 보안요원 등이 차례로 방에 들렀다가 사라졌다. [...] 모든 짐을 내리라고 했다. 악명 높은 중국 국경에서의 대기 시간이 찾아왔다. 모든 승객은 이곳(중국 얼롄역)에서 다섯 시간을 머물러야 했다.[84]

위의 내용대로라면 유럽 구간에서 열차는 달리 절차 없이 국경을 넘는다. 두 번의 국경을 넘는 러시아~몽골~중국 구간에서는 출입국 검사와 세관 검사를 네 번 거친다. 그 부분을 한반도와 대륙을 연결하는 지역에 적용해본다. 한국~북한~중국 구간도 국경(휴전선과 압록강)

---

83) 정세현 외, 2018, 『정세현·정청래와 함께 평양 갑시다』, 푸른숲, 218쪽.
84) 오영욱, 2018, 『파리발 서울행 특급열차』, 페이퍼스토리, 194-196쪽.

평양행 국제열차(2016년 1월)

평양발 국제열차(2018년 8월)

을 두 번 가로지르기 때문에 최대 4번 검사의 절차가 필요하다. 열차가 통과하는 동안 북한 기차역을 내리지 않는 조건으로 간단한 입국(통과) 심사가 진행되면 두 번이다. 물론 삼국이 함께 관세와 비자면제 협정을 맺으면 출입국 수속은 더욱 간단하게 해결될 것이다.

그렇지만 국경을 넘을 때 절차가 없는 단계까지 가는 데는 시간이 걸릴 것 같다. 그 점을 해결하기 위해서는 중국, 북한, 한국의 관계가 유럽 연합에 준하는 상황이 될 때 가능하다. 아니면 삼국 간의 간단한 철도 관련 조약만으로 해결할 수 있을지 모르겠다. 서울역에서 단둥역까지 2시간 남짓 걸렸는데 두 국경, 휴전선과 압록강을 통과하는데 더 많은 시간이 걸린다면 속상할 것이다.

서울발 대륙행 열차를 타는 것은 나의 꿈이기도 하다. 그 희망에는 조건이 뒤따른다. 북한 지역을 무정차하는 방식은 아니다. 파리까지 가는 데 며칠이 더 걸려도 평양 혹은 신의주역에 내려서 하룻밤이라도 묵고 떠나는 것이다. 대동강과 압록강에서 맥주 한잔은 하고 대륙으로 떠나고 싶다. 그런 바람과 달리, 돌아가는 사정은 나의 편은 아니다.

여러 번 생각해보았다. 시간이라면 경의선을 현대화하는 것보다 남북의 사람들이 자유롭게 열차를 이용할 환경을 조성하는 데 더 걸릴 것이다. 2019년 현재 남북철도와 관련한 어떤 구체적인 계획이 나오지 않고 있다. 남북철도 연결식 날짜는 당겨지지 않고 점점 달력 뒤쪽으로 넘어가고 있다.

너무 미래의 희망만을 말한다. 나 역시 현시점에 남북철도 연결을 위한 노력은 추구해야 마땅하다고 생각한다. 하지만 철도 건설만 앞세우고 그 뒤는 공허한 울림이 남곤 한다. 냉정하게 "철도 연결의 꿈이 몇 년 안에 실현 가능하다"고 이야기하는 사람들에게 묻고 싶다. "건설만 하고 남북의 사람들은 만나지 않을 건가요?"

눈에 보이고 손에 잡히는 남북 교류와 만남을 하나하나 만들어가는 것이 현실에서 더 가깝지 않을까? 예를 들어 북한은 중국뿐 아니라 러시아와도 국제철도로 연결되어 있다. 비용이 더 들겠지만 금강산, 평양, 북한쪽 백두산을 갈 때 휴전선만 넘는 것을 고집하기보다 중국과 러시아를 경유해 가는 것도 방법이다.

어떻게 가든 많이 가서 수요가 생기다 보면, 그 사이에 휴전선을 넘어 평양으로 가는 철로도 완공되어 있을 것이다. 내가 꿈꾸는 경의선 열차 여행이란 남북의 사람들이 함께 이용하며, 그런 여행에서 흔히 기대하듯, 우연히 옆에 앉은 중국 혹은 유럽에서 온 사람들과 친구가 되는 그런 것이다.

2005년 전후 평양에 갔지만 "(혼자서, 마음대로) 호텔 밖을 나갈 수 없었다"는 기록들이 있다. 그 점을 고려한다면, 철도 연결만이 아니라 평양에 자유롭게 다닐 분위기를 조성하는 것도 함께 꿈꾸는 한국 사회이어야 하지 않을까? 철도 건설이 남북 사이의 난제들을 저절로 해결해 주지는 않을 것이다. 꿈으로 현실을 단축할 수는 없다. 그럼에도 2018년 이후 한국 사회는 너도나도 북한에 금방 갈 것처럼 말한다.

북한행 단체여행객(2016년 6월)

북한행 단체여행객(2018년 12월)

2018년 4·27 판문점 선언 이후 새로운 평화의 시대가 펼쳐지고 있습니다. 조만간 우리는 평양과 개성공단에 가고 금강산과 백두산도 가게 될 겁니다. 옥류관에서 평양냉면을 먹고 모란봉공원에 올라 을밀대와 부벽루에서 대동강맥주를 마실 수 있게 됩니다.[85]

막 걸음마를 다시 시작한 평화의 시대에 과정에 앞서 결과부터 강조한다. 2000년(6·15 공동선언) 8월 남북은 개성공단 건설에 합의했다. 2004년 이후 한국 기업이 입주하며 본격적으로 가동되었다. 거기까지만 해도 4년 이상 걸렸다. 그 기간 동안 꿈만 꾸지 않은 수많은 사람의 노력이 있었기에 개성공단 입주가 가능했던 것이다.

통일에 준하는 상황에서, 가능한 희망과 개발 담론을 떠올리기 전에 서로 다른 문화를 인정하며 교류하고 협력할 수 있는 길이 무엇인지 고민하는 것이 더 필요하다. 좁게는, 남북의 사람들이 서로 만나고 알아가는 방식을 고민하는 과정도 필요하다. 통일로 가는 길로 바로 나아가기보다는 먼저 평화 공존 체제의 길로 들어서는 것이 옳을 것이다. 철도 연결 공사와 함께 북한 사회와의 접촉면을 넓혀가는 노력도 필요하다.

---

85) 김진향, 2019, 『우리, 함께 살 수 있을까?: 밀레니얼 세대를 위한 북맹 탈출 안내서』, 슬로비, 9쪽.

남북의 20대는 어떤 환경에서 자란 세대일까?

이명박 정부는 대북 제재 일환으로 2010년 5·24 조치를 발표했다. 그 이후 한국 사회는 평화로운 남북 만남보다 단절과 반목의 이정표가 들어선 길을 걷는 데 더 익숙했다. 세월은 흘러 그때 태어난 아이들은 2017년 3월 초등학교에 입학했다. 2017년 5월 문재인 정부가 출범했지만 2018년 1월 1일까지 남북 관계는 변화의 조짐이 나타나지 않았다.

2017년, 초등학교 4학년 아들이 학원에서 "스마트폰으로 뉴스를 검색한 친구들이 그러는데 북한이 미사일을 발사했대요. 위험하니까 집 밖에 나가지 마세요"라고 엄마에게 전화했다. 그 이야기를 듣는 순간, 가족이 북한 관련 뉴스가 연일 보도되는 사회에서 살고 있다는 것을 새삼 깨달았다. 북한이라는 나라와 남북 관계가 초등학생에게는 어떻게 인식되고 있을지 고민해볼 수밖에 없었다.

> 우리는 세상을 있는 그대로 본다고 생각하지만 사실은 배운 대로 본다고 하는 편이 더 적절한 표현이다. 눈을 뜨면 물체가 보이기 때문에 어느 누구도 보는 법이 배움의 결과라고 생각하지 않을 뿐이다.[86]

이는 문화인류학의 시각이다. 2010년 중·고등학교를 다니던 학생이

---

86) 한국문화인류학회, 2003, 『처음 만나는 문화인류학』, 일조각, 22쪽.

대학생 혹은 20대 사회인이 되었다고 생각하면 내 마음은 답답하다. 한국의 기성세대는 그동안 그들에게 남북 관계를 있는 그대로 보게 하였을지, 아니면 배운 대로 보게 하였을지 생각해보다가 단둥에서 경험한 사례가 떠올랐다.

2016년 겨울 다른 연구자들과 함께 압록강 하류에서 유람선을 탄 날이었다. 답사팀은 북한 삭주와 의주 지역의 변화상을 알아보고 있었다. 그때 10년 넘게 북한 사회를 공부하고 있다는 30대 초반의 연구자가 "선생님, 저기 보이는 북한의 마을과 건물들 그리고 화물트럭들이 생각보다 너무 깨끗하고 신형이네요! 모두 선전 마을과 선전물이죠?"라고 물었다.

"선전 마을과 선전물"은 내 초등학교 시절(1980년대 초반)에 배운 표현이다. 몇 년 전 TV 프로그램에서 노년의 학자가 압록강변의 북한 아파트(만포 지역)를 지칭하며 쓰던 말이기도 했다. 그는 그 말을 그대로 사용했다. 너무 스스럼없어서 잠시 할 말을 잃었다. 나를 대신해서 동행했던 고향이 단둥인 40대 초반의 조선족 B가 한마디 거들었다. 그는 북한사람과 한국사람, 양쪽을 상대하는 무역을 한 지 20년이 넘은 사람이었다.

한국에 있는 휴전선 너머 북한 마을은 그럴 수 있을 것 같습니다. 하지만 압록강에 기대어 어울려 사는 중국 사람에게 북한 사람이 왜 보여주기를 합니까? 여기(압록강)는 그럴 이유가 없습니다. 공부한 대로 보지 마세요. 왜 한국 사람들은 여기에서 북한 마을을 보고 선전이라고 똑같은 말들을 하는지 모르겠습니다. 제가 그 말을 20년 넘게 듣고 있습니다. 압록강에서 북한 사람과 중국 사람이 함께 어떻게 사는지 모르는 한국 사람들이 답답합니다.

유람선 주변에 있던 한국 연구자들은 입을 다물었다. 나는 높고 견고한 장벽 앞에 선 기분이었다. 휴전선이라는 물리적 장벽보다 분단이라는 심리적 장벽을 극복하기가 더 어려워 보였다. 2019년에도 그런 느낌은 이어지고 있다. 고민 중에 독일 사례를 찾아보았다.

> 1968~1988년 서독에서 동독으로 17억 8,500만 통, 동독에서 서독으로 22억 5,000만 통의 편지가 발송됐다. [...] 1968~1988년 서독에서 동독으로 발송된 소포는 총 6억 3,100만 개에 달했고 동독에서 서독으로 우송된 소포는 2억 1,900만 개였다. [...] 1972년부터 1979년까지 해마다 평균 약 326만 명의 서베를린 주민과 약 263만 명의 서독 주민이 동독을 방문했다.[87]

동서독의 교류는 일회적인 것이 아니었고 규모도 있었다. 위의 글에서 인용한 기간 외에도 많은 편지, 소포, 인적 왕래가 있었다. 반면 한반도에서는 2018년까지 개성공단을 제외하고 사실상 남북의 만남이 10여 년 동안 거의 없었다. 한국 사회는 한반도 밖의 만남도 주목

---

87) 최승완, 2019, 『동독민 이주사 1949~1989』, 서해문집, 381-408쪽.

하지 않았다. 그런 상황이 남북의 만남에 어떤 영향을 미칠지, 앞으로 서로 만난 남북의 사람들이 어떤 반응을 보일지 생각하지 않을 수 없었다.

망각되는 20여 년의 시기에 남북 만남의 경험을 가진 세대는 대부분 30대 후반 혹은 40대 이상이었다. 386세대가 586세대가 되었다. 20대들은 북한사람을 만나본 경험이 거의 없는 세대로 자라났다. 그들은 잃어버린 10여 년 동안 책과 언론을 통해 북한을 익혔다.

2019년 현재 한국 사회에는 북한을 고난의 행군 시기인 1990년대 중후반으로 바라보는 관점이 고정관념이 되어 존재한다. 그것은 25여 년 전후 과거의 북한 사회이지 지금 모습이 아니다. 세월만 흐르는 것은 아니다. 그 사이에 북한 사회의 구성원도 변했다.

북한의 20대는 누구인가. 어떤 연구자들은 그들을 장마당 세대라고 부른다. 나는 다른 각도에서 그 세대의 정체성을 생각한다. 20대인 그들은 1990년 이후 출생했다. 이를 기준으로 본다면 지금 20대 전후는 고난의 행군(1994~1998년) 시기 이후에 태어났다. 그 어려운 시절은 어린 시절에 직접 체험하거나 나중에 책 같은 간접 경험을 통해 습득한 세대이다.

그런 상황을 종합해서, 앞으로 남북의 20대가 어떤 만남을 이룰지 상상해보았다. 하나의 그림이 그려졌다. 여전히 북한을 고난의 행군 시기로 바라보는 한국의 20대와 고난의 행군 시기를 간접적으로 경험한 북한의 20대가 만나는 것이다. 적절한 표현은 아니겠지만 동상 이몽 이외에 떠오르는 문구가 없다.

(독일) 양쪽 주민들은 서로 자유롭게 상대방의 TV를 보고 라디오를 들었다. 그런데도 국경이 열리고 나자 동독과 서독의 놀라움은 컸다.[88]

상호 방문했고 상대방의 TV도 보았던 동서독의 만남에서도 서로를 너무 몰랐다고 한다. 남북 20대의 만남은 동서독 같은 만남의 경험이 쌓여 있지도 않은 상태다. 우선, 한국의 20대는 북한의 20대를 너무 모른다.

2019년 현재 북한 사회를 이해하는 한국 사회의 모습은 인터넷 서점에서 팔리는 북한 관련 책들에서 그 단면을 엿볼 수 있다. 북한을 직접 경험한 내용이 인기가 있다. 대부분 지난 10여 년 동안 외국 사람이 여행 또는 체류하면서 쓴 이야기이다.

반면에 처음부터 한국어로 쓴 책은 몇 권이 되지 못한다. 그마저도 한반도 밖에서 체류한 경험이 더 많은 사람들(예를 들어 재미동포)의 글이다. 나머지는 10여 년 혹은 20여 년 전에 북한을 방문했을 때의 경험담을 엮어낸 것이다. 잃어버린 10여 년 동안 한국 사회는 북한을 이해하는 눈과 경험을 잃어버렸다.

---

88) 뤼디거 프랑크, 2019, 『북한여행』, 한겨레출판, 13쪽.

통계를 읽다

다시 계산하다

1989년 전후는 남북 관계에 토대가 된 여러 법을 제정한 시기다.[89] 통일부가 매년 발간하는 『통일백서』는 1990년 전후부터 남북 교류의 역사와 현황을 통계로 밝혔다. 노태우 정부가 북방 정책을 추진하던 때다. 정부와 민간 차원의 교류와 만남이 본격적으로 시작된 시기이다.

통계는 만든 주체의 생각을 읽을 수 있는 것이라고 한다. 통계 숫자는 많은 것을 드러내지만, 읽는 사람 모두 만족할 만한 것은 아니라고 한다. 이를 생각하면서 아래와 같은 통계를 읽었다.

---

89) 1988년 노태우 대통령의 7·7 선언으로 불리는 "민족자존과 통일 번영을 위한 특별 선언", 1989년 "남북 교류협력추진협의회 설치", 1990년 "남북 교류협력에 관한 법률", "남북협력기금법" 제정 등 남북 교류와 만남의 제도화 과정이 있었다. 통일부 홈페이지 참조.

(단위: 명)

구분 \ 연도	'89~'01	'02	'03	'04	'05	'06	'07
남→북(방북)	27,152	12,825	15,280	26,213	87,028	100,838	158,170
북→남(방남)	1,534	1,052	1,023	321	1,313	870	1,044
합계	28,686	13,877	16,303	26,534	88,341	101,708	159,214

『통일백서』는 남북 관계 주요 통계[90]를 담고 있다. 그럼에도 그 통계는 내게 불친절한 것이다. 통계의 중심에는 휴전선이 있다. 방북 인원의 통계는 휴전선 넘나들기, 개성공단과 금강산 관광 위주다.

　예를 들어 나는 2005년 한 해 동안 개성공단과 금강산 지역이 아닌 북한의 다른 지역을 방문한 인원이 궁금하다. 〈남북 왕래인원 현황〉에서는 찾을 수 없다. 거기에는 "금강산 등 관광 인원 제외"라는 설명이 들어가 있다. 그 말은 표의 통계가 개성공단 방문(방북) 인원을 포함하고 있다는 것으로 해석 가능하다.

　그렇다면 다른 표에 있는 개성공단 방문 인원을 참고해 스스로 계산해야 한다. 8만 7,028명(방북 인원) − 4만 874명(개성공단 방문 인원) = 4만 6,154명으로 유추해야 한다. 참고로 2005년에는 개성 관광이 없던 해다. 평양 관광은 통계에 나온다.

　그런데 내 생각에 그 또한 정확한 것이 아니다. 개성공단과 금강산에 순수 사업 및 여행만을 목적으로 방문한 것은 아니었다. 남북 사

---

90) 통일부, 2018, 『2018 통일백서』, 통일부, 260−275쪽.

람이 모여 회의나 행사도 했다. 그런 성격의 방북이 큰 범위에서 금강산 관광과 개성공단 항목에 들어갔는지 빠졌는지 알 수가 없다. 그 점을 고려한다면 규모가 늘거나 준다.

다시 계산해서 내가 얻은 결론이라면 2005년 약 4만 6,000명이 개성공단과 금강산 지역이 아닌 북한의 다른 지역을 방문한 것으로 추정할 수 있다는 것이다. 개성공단 방문 인원보다 약 6,000명이 많다. 다른 해도 그런 식으로 계산해야 한다. 서른 번 정도만 하면 된다. 개성공단은 중복 인원(출퇴근)이 많다. 그렇기에 약 4만 6,000명과 약 6,000명의 규모가 나에게는 더 큰 의미로 다가온다.

그렇다면 2005년 약 4만 6,000명의 방북 인원은 어떤 방식으로 북한에 갔을까? 휴전선을 넘어 육로로 갔을까? 아니면 그 많은 사람들이 모두 인천(김포)발 비행기를 탔을까? 배는 아닐 것이다. 실마리는 통일부 홈페이지에서 찾을 수 있다. "남북 교류협력"의 "절차 안내"에는 "판문점을 통해서 남북한을 직접 왕래하는 것은 물론 제3국을 경유하여 남북한을 왕래하는 경우도 포함됩니다"라는 안내문이 있다.

방북 인원 규모와 마찬가지로, 두 경로(휴전선과 제3국)를 구분해서 집계한 통계는 『통일백서』에서 찾기 어렵다. 따라서 이것도 다시 계산해야 한다. 나로서는, 정부 당국 회담을 위한 방북, 이산가족 상봉(평양, 금강산, 한국), 공연·체육·종교 행사 참여자 및 민간단체가 대규모로 휴전선을 넘기 위해 전세기를 이용했던 연도와 같이 찾아야 할 것들이 수두룩하다.

그 작업을 끝냈다고 해서 다 끝난 것이 아니다. 앞에서 계산해서 나온 2005년의 약 4만 6,000명 규모에 빼기를 해야 한다. 이때 숫자가 0, 없는 것으로 나오면 2005년 한 해 동안 남북 교류와 만남은 휴전선을 통해서만 이루어진 것으로 볼 수 있다. 하지만 부정확한 통계의 조합으로 작업하는 점을 고려하더라도 0, 없는 것은 나오지 않는다. 남북이 어떻게 살아왔는지 숫자로 보여주는 통계이지만 나에게 많은 것을 말하지 못한다.

여백을 상상하다

통계조사 방식 문제나 숫자에 개입할 수 있는 정치적 사회적 조건을 배제하더라도, 통계는 모든 현상을 말할 수 없다. 개성공단과 금강산을 제외한 방북 인원의 규모를 언급하거나 분석한 연구자 글도 찾을 수 없었다. 그 때문에 남북 관계 통계를 볼 때마다 나는 늘 그 여백이 궁금하다.

앞에서 계산한 방북 인원(개성공단과 금강산 지역 제외)이 북한의 어느 지역에 어느 규모로 갔는지 통일부 통계로는 알 수 없다. 하지만 그 사람들이 북한에서 한 일을 알 수 있는 개별 자료는 있다. 2000년대 개성공단 입주 기업 이전에 1990년대 전후 남북 경제협력의 물꼬를 튼 대우그룹과 북한 내륙에 진출한 기업들이 있었다.

1992년 10월에 정부의 남북경협 사업자 승인(대북 투자사업 자격 부여) 제

1호를 받은 ㈜대우는 남포에 공단을 조성하는 사업을 개시했다. [...] 1997년 남북 간 위탁가공 교역 실적은 반입액 기준 4,157만 달러였는데, 총 65개 회사가 참여하였다.[91]

그러나 북한 내륙에 진출한 기업의 방북 규모를 두 개의 표(〈남북 왕래 인원 현황〉, 〈금강산/개성/평양 관광객 현황〉)에서는 알 수가 없다. 한국에서 간 방북 지역이 금강산과 개성만 있었던 것도 아니다. 방북 목적이 평양 관광만 있었던 것도 아니다. 한국 사회가 갈 수 있던 북한 지역이 제한적이었던 점을 고려하면 진출한 지역이 너무 다양해서 표로 작성할 수 없는 것도 아닐 것이다.

〈남북 차량 왕래 현황〉과 〈남북 선박·항공기 왕래 현황〉 통계표는 방북과 방남 구분하지 않고 합한 결과를 나타낸다. 차량은 경의선과 동해선으로 한정해 놓았다. 미미하긴 하겠지만, 한국의 차량이 육로로 개성공단과 금강산 이외의 지역을 방문했는지 알 수 없다. 차량의 왕래는 도착 지역을 짐작할 수 있다. 선박과 항공기의 경우는 누가 타고 남북의 어디가 목적지였는지 즉 휴전선 넘나들기 외에 어느 곳이었는지 알기 어렵다.

위의 예처럼, 통계의 항목이 너무 단순하면 다양한 남북 관계를 놓치게 된다. 반대의 경우도 있다. 내가 보기에는 성격이 다른 항목이 하나의 표로 들어갔다.

---

91) 이찬우, 2019, 『북한경제와 협동하자』, 시대의 창, 46-56쪽.

(단위: 백만 달러)

구분	남북교역 유형	'06	'07	'08	'09	'10	'11	'12	'13	'14	'15
반입	반교역·위탁가공	441	646	624	499	334	4	1	1	0	0
	경제협력 (개성공단·금강산관광·기타·경공업협력)	77	120	308	435	710	909	1,073	615	1,206	1,452
	비상업적 거래 (정부·민간지원 / 사회문화협력 / 경수로사업)	1	0	0	0	0	1	–	–	0	0
	반입 합계	520	765	932	934	1,044	914	1,074	615	1,206	1,452
반출	반교역·위탁가공	116	146	184	167	101	–	–	–	–	–
	경제협력 (개성공단·금강산관광·기타·경공업협력)	294	520	596	541	744	789	888	518	1,132	1,252
	비상업적 거래 (정부·민간지원 / 사회문화협력 / 경수로사업)	421	367	108	37	23	11	9	3	4	10
	반출 합계	830	1,033	888	745	868	800	897	521	1,136	1,262

통일부는 상품교역, 위탁가공무역, 인도적 지원, 경제협력사업 등에서 발생하는 남북 간 물자 반출입을 모두 교역에 포함하였다.[92]

〈대북 인도적 지원 현황〉 표가 따로 있다. 하지만 위의 설명처럼 통일부가 만든 〈유형별 남북교역액 현황〉 표에는 비상업적 거래 항목이 포함되어 통계를 구성한다. 민족 거래라는 의미에서 무역 대신 교역이라고 부르는 것은 이해할 수 있다. 그렇지만 교역에 비상업적 거래가 왜 들어가야 하는지, 볼 때마다 알 수 없다.

남북 간의 경제 관계를 들여다보면 한국 기업의 북한 상품(농수산물, 광물, 철강금속 등) 수입, 위탁가공(섬유류, 전기전자, 철강금속 등), 대북

---

92) 이찬우, 2019, 『북한경제와 협동하자』, 시대의 창, 46쪽.

투자 등이 들어 있다. 별도로 정부의 철도와 도로 연결 공사가 있다. 그 가운데 북한 상품 수입과 위탁가공은 남북 간 서로 도움이 되는 수익모델이었다.[93] 북한 전문가들은 개성공단의 경우, 퍼오는 사업이었음을 설명한다. 그러한 남북 간의 경제 관계에 왜 인도적 지원이 포함되는지 이해가 되지 않는다.

분류가 모호하다는 데 그치는 것이 아니다. 한국 사회에는 남북 교류가 대부분 인도적 지원이라는 편견이 존재한다. 그 때문에 〈대북 인도적 지원 현황〉과 〈유형별 남북교역액 현황〉을 구분하지 않는다. 그로 인해 퍼주기의 근거가 되는 금액이 〈대북 인도적 지원 현황〉의 금액만을 언급하지 않고 때로는 비상업적 거래가 포함된 〈유형별 남북교역액 현황〉 표에 나오는 금액까지 합쳐지는 경우가 생긴다.

즉 한국 사회에서는 경제 활동인 남북교역을 퍼주기로 표현할 때가 있다. 이를 두고 통계부터 모호하다는 점을 감안하지 못한 채, 단지 명분과 민족이라는 이름으로 대응하려는 모습을 볼 때 나는 답답하다. 명분과 민족이라는 이름보다 더 강한 것이 그저 사실일 때도 있다. 그런데 이를 근거로 반박하는 모습을 볼 수 없다.

또한 앞에서 언급한 바와 같이 위 표에서도, 개성공단과 금강산 관광은 경제 협력 항목에 함께 묶여 있다. 그런데 반교역·위탁가공 항목은 따로 있다. 이들 경제 활동은 경제 협력이 아닌 다른 것인지, 아니라면 규모가 크기 때문에 따로 분류했다는 것인지 인류학 전공자

---

93) 이찬우, 2019, 『북한경제와 협동하자』, 시대의 창, 48쪽.

중국(한국)과 북한 물류 연결(2016년 3월)

중국(한국)과 북한 물류 연결(2018년 12월)

인 나는 의미를 알 수 없다.

하나 더 말한다면, 2011년 이후 반교역·위탁가공 항목에 대한 수치는 거의 0, 없는 것으로 나온다. 그것은 현실을 그대로 담은 것이 아니다. 2010년 5·24 조치는 합법적 경제 행위를 중단시켰지만 남북 교역은 어떤 식으로도 중단되지 않았다.

그럼에도 표면상 그 표를 보면 2010년부터 개성공단을 제외한 남북의 경제 활동은 전면 중단된 것으로 보인다. 남북의 만남은 단절되었다고 자연스럽게 인식하게 하는 착시를 유발한다. 그와 별도로 나는 최근에 또 하나의 의문이 생겼다.

(2018년) 유소년축구대회 방북단이 출경할 때 가지고 갔다 가지고 온 카메라 등 방송 장비의 가액 등을 합산한 수치도 여기에 포함된다고 통일부는 설명했습니다. 이렇게 산출된 작년 한 해 북한에서 반입된 물품의 액수는 1,100만 달러, 반출 액수는 2,100만 달러입니다.[94]

통일부가 출판한 『2019 통일백서』에 대한 기사 내용이다. 나 같은 통계 비전문가의 눈에 들어오는 대목이다. 아니 이해가 되지 않는 내용이다. 남북 교류의 반입(북한에서 한국으로)과 반출(한국에서 북한으로) 금액에서 이중으로 잡히는 액수가 있다는 것을 그 기사에서 처음 알았다.

다시 가지고 왔다. 퍼주기도 아니고 준 것도 아니다. 그동안 퍼주기

---

94) 《KBS NEWS》 2019년 3월 21일자, "인적교류는 급증한 반면 경제협력은 썰렁"

로 언급되던 반출 액수에도 "가지고 갔다가 가지고 온" 방송 장비뿐만 아니라 다른 물건의 가격이 포함되었던 걸까? 자꾸만 남북 교류에서 통계의 여백을 상상하게 된다.

남북의 이산가족은 기다리지만 않았다

남북의 이산가족 만남을 이야기할 때 나는 정부(당국) 주도와 지원 속에서 평양과 서울 그리고 금강산의 상봉을 흔히 생각해왔다. 한국 학계는 독일의 통일 전과 남북 관계를 비교하곤 한다. 단절의 남북 관계와 달리 동서독은 주민 사이에 서신 교환이 가능했음을 강조한다. 즉 남북 사이에 그런 사례는 없었다고 말한다.

그런데 이 책을 준비하며 민간 차원의 이산가족 상봉에도 통계가 있음을 처음 알았다. 그런 형태의 만남이 있었음은 알고 있었지만 정부 통계에 포함되었을 것이라고는 생각한 적은 없었다. 그 통계는 한국 정부가 공식적으로 알고 있었다는 사실을 의미한다.

『2018 통일백서』의 〈이산가족 상봉 현황〉은 당국 차원과 민간 차원으로 항목을 구분한다(이 책에서는 2000년까지 통계만 인용함). 들여다보면 당국 차원의 현황은 1985년부터 통계로 잡히지만 빈칸들이 있다. 상봉이 없던 해가 더 많다. 그런데 민간 차원의 생사 확인, 서신 교환, 상봉은 1990년부터 한 해도 거르지 않고 통계로 집계되었다.

〈이산가족 상봉 현황〉

(단위: 건)

구분 \ 연도		'85	'90	'91	'92	'93	'94	'95	'96	'97	'98	'99	'00
민간차원	생사확인	-	35	127	132	221	135	104	96	164	377	481	447
	서신교환	-	44	193	462	948	584	571	473	772	469	637	984
	기타	-	-	-	-	-	-	-	-	-	-	-	-
	상봉	-	6	11	19	12	11	11	18	61	109	109	152
당국차원	생사확인	65	-	-	-	-	-	-	-	-	-	-	792
	서신교환	-	-	-	-	-	-	-	-	-	-	-	39
	방남상봉	30	-	-	-	-	-	-	-	-	-	-	201
	방북상봉	35	-	-	-	-	-	-	-	-	-	-	202
	화상상봉	-	-	-	-	-	-	-	-	-	-	-	-

2019년 8월 통계까지 합계를 보면 당국 차원은 생사 확인 8,262건, 서신 교환 679건, 방남 상봉 331건, 방북 상봉 4,024건, 화상 상봉 557건이다. 민간 차원은 생사 확인 3,895건, 서신 교환 11,626건, 상봉 1,757건이다. 전자의 경우 휴전선 넘나들기의 대규모 상봉이다.

후자의 경우인 만여 건이 넘는 서신 교환도 휴전선 넘나들기의 길을 통해서 이루어진 것일까? 당국 차원의 방북 상봉(4,024건)과 비교했을 때 민간 차원의 상봉(1,757건)은 절반 규모이다. 이들 가운데 휴전선을 넘나드는 개인적인 상봉이 있었을까? 아닐 것이다.

알다시피 휴전선은 민간에게 열린 공간이 아니다. 휴전선을 통해 생사를 확인하고 서신을 교환하는 일은 영화(《풍산개》(2011)) 속 장면이다. 이산가족 상봉 행사 소식은 없는데, 현실에서는 1992년 한·중 수교 전후부터 직간접적 상봉이 끊어진 적 없었음을 어떻게 설명할 수 있을까? 나에게는 민간 차원의 방식이 어떻게 진행되었는지를 보여주는 사례가 있다. 시기를 1992년 한·중 수교 전후라고 한 이유가 있다.

1998년 중국에서 한국 가수(현미)가 북한 가족을 만난 일을 다룬 방송 프로그램[95]을 보았던 기억이 있다. 그뿐 아니라 단둥의 토박이 조선족들에게 1990년대 압록강변의 삶을 묻다 보면 가장 많이 듣는 이야기도 그런 것이다. 2019년 5월, 60대 중반의 조선족 A를 만났다. 그에게 민간 차원의 상봉이 90년대 초중반 전후에 매년 평균 10건 정도가 있었음을 기록에서 알 수 있다고 하자, 거기에 관련된 익숙한 이야기를 늘어놓았다.

한·중 수교 전인 80년대 후반에도 한국에서 사람들이 단둥에 왔었죠. 사전에 인편과 서신으로 약속한 대로 한국에서 온 남동생이 압록강의 유람선을 타고 신의주 강변에 다가가면 미리 나와 있던 북한의 누이가 노란 손수건을 흔드는 방식으로 서로를 확인하고 대화를 나누곤 했죠. 2000년대 이후에도 내가(조선족) 연결하기도 했죠. 지금도 마찬가지죠. 그 당시 내가 본 것만 해도 그보다 많을 것 같아요. 단둥 시내에서 서로 만나기도 했습니다. 그런데 가족이 만나는데 정부에 신고를 합니까.

1992년 한·중 수교 전후부터 현재까지 다양한 방식의 남북 만남이 두만강과 압록강을 사이에 두고 이루어졌다. 그 가운데는 이산가족 상봉도 있었다. 그들 만남에는 기록되지 않은 사례도 있었다. 그렇지

---

95) 《연합뉴스》 1998년 6월 18일자, "MBC 남북이산가족찾기, 이제는 만나야 한다"

만 1990년대와 2000년대 "제3국에서 가족을 만나거나 편지(서신)를 교환한 가족 상봉의 이야기"에 주목하고 분석한 글은 김성인(2019)의 「필연적 만남, 방법 없는 이별」[96] 외에는 찾기가 힘들다. 그 논문에는 한 번으로 끝나지 않고 다시 만난 사례도 등장한다.

그는 나에게 "이 연구는 2014년 전후에 했어요. 지금 더 많은 만남 과정을 연구하고 싶습니다. 그런데 그분들의 고령화가 가장 큰 문제죠"라고 말한 적이 있다. 이는 한국 사회가 주목하지 않고 간과하는 사이에 또 하나의 망각되는 20여 년이 아닌 30여 년의 길을 걷고 있음을 보여주는 예이다.

비록 규모와 방식의 차이는 있으나 독일이 걸었던 그 길을 한국 사회도 걷고 있었다. 서신 왕래가 남의 이야기가 아니고 한국 사회의 이야기였다. 망각하고 잃어가고 있을 뿐이다. 하나 더 알 수 있는 것이 있다. 당연하게도 그 길에서 서신만 오가지는 않았을 것이다. 동서독 사이에 소포가 오간 것도 그들만의 역사는 아니다.

이는 단둥에서 어울려 사는 네 집단의 경험과 기억이 말해준다. 통일부가 작성한 〈이산가족 상봉 현황〉은 나에게 한 가지 사실을 분명하게 알려주었다. 남북의 이산가족은 정부 차원의 만남 노력 혹은 남북 관계 변화만을 기다리고 있지 않았다.

이쯤에서는 고백해야 할 것도 있다. 그동안 통일부가 매년 발간하는 자료를 꼼꼼히 읽지 않았던 것이었다. 『2018 통일백서』를 읽다 보

---

96) 김성인, 2019, 「필연적인 만남, 방법 없는 이별」, 『한국문화인류학 52(1)』, 한국문화인류학회, 3-52쪽.

니 1998년 정부는 "민간 차원에서 이산가족 교류를 실시하는 경우 경비를 지원할 수 있는 근거를 마련하였다"[97]는 대목이 나온다.

같은 페이지에 "2017년에는 민간교류경비 정부지원금을 현실화하고 교류 주선 단체에 대한 정부 보조금을 인상하였다. 「이산가족 교류 경비 지원에 관한 지침」을 개정하여 [...] 현재 민간 차원에서 생사 확인 시 300만 원, 상봉 시 600만 원, 서신 교환 등 교류 지속 시 80만 원의 범위 내에서 경비를 지원하고 있다"는 설명도 있다. 연구자로서 부끄럽지만 몰랐던 사실이다.

---

97) 통일부, 2018, 『2018 통일백서』 100쪽.

북한보다 백두산을 먼저 알자

2천년대에도 백두산(동파)에 갔다

북한 사회를 이해하려고 할 때 통계를 이야기하는 경우가 많다. 나는 다른 창 혹은 다른 시각을 만들어왔다. 북한을 설명하는 논문 혹은 경험담 그리고 뉴스를 들을 때 그것을 통해 다시 받아들인다.

하나는 고난의 행군 시기로 북한을 보는가 하는 것이다. 현재의 북한을 다루며 20여 년 전 고난의 행군 상황을 말하면 대부분 앞뒤가 맞지 않는다. 그런 창으로 바라보면 내용의 사실 여부를 가릴 수도 있다.

다른 하나는 폐쇄 국가로만 북한을 인식하는 시각에 문제의식을 지니는 것이다. 폐쇄 국가라는 시각도 북한의 과거와 현재를 제대로 설명할 수 없게 한다. 그럼에도 많은 글과 보도 속에서는 북한을 쉽게 그런 곳으로 단정한다. 한국 사회가 생각하는 만큼 폐쇄 국가가 아니라는 시각으로 북한을 바라보면 설명할 수 있는 현상이 뜻밖으로 많다.

내게는 새로이 만들어가는 관점이 있다. 남북 교류와 만남, 미래의 담론이 실현 가능한지 언제 가능한지 먼저 따져보는 것이다. 현재에 곧바로 의미가 있는지, 먼 훗날에나 가능한 것인지 가늠하고 재해석한다. 그러면 넘쳐나는 북한 정보 속에서도 옥석을 고를 수 있다.

하지만 아직까지도 해결하지 못한 점은 있다. 한국 사회가 북한을 알려고 노력하는지 알 수 없다는 것이다. 그 예로는 백두산이 적당할 것이다. 2018년 한 해 남북 관계를 상징적으로 담은 사진 가운데 가장 대표적인 것은 판문점과 백두산에서 문재인 대통령과 김정은 위원장이 손을 잡은 장면일 것이다.

판문점 사진을 볼 때는 "선(국경)을 넘다"라는 의미를 되새겨보곤 한다. 백두산 사진을 보면서는 내 어릴 때 기억이 떠오른다. 정확하지 않지만 1980년대 후반쯤 9시 뉴스에서 첫 방송이라는 멘트와 함께 백두산 천지 풍경을 보여주었다. 어린 마음에도 강렬한 이미지로 남았던 것 같다.

나는 2000년부터 중국 땅으로 백두산 천지에 올라가고 있다. 횟수도 20여 번이고 "3대가 복을 받아야 볼 수 있다"는 천지를 2번 빼고는 모두 볼 수 있었다. 2019년 가을에는 개마고원의 일출도 천지에서 바라보았다. 백두산에 올라가는 네 코스 가운데 중국 쪽 세 코스는 다 가보았다. 그러나 갈 때마다 늘 아쉬움이 남았다. "중국이 아닌 북쪽으로 올라가겠다"고 공언했던 문재인 대통령이 간 동쪽 코스를 통해서 천지를 보지 못했기 때문이다. 엄밀히 말하자면 2000년대에는 갈 수 있었다는 후회가 남는다.

> 2004년 6월, 평양에 어깨동무어린이병원을 세우면서 어린이 열한 명과 함께 북녘을 찾았다. 남북으로 분단된 뒤 반세기 만에 처음 있는 일이었다. [...] 백두산 천지를 둘러보고 평양으로 가는 비행기에서 함께 있던 남녘 어린이가 천진난만한 얼굴로 나에게 물었다.[98]

그때를 기억할 때마다 나는 "아 그래, 2004년에 남북의 아이들이 만났지. 그때 그 NGO 단체에서 활동했는데 안 갔구나"라며 혼잣말을 하곤 한다. 한국 어린이 11명을 포함해 모두 96명으로 이루어진 방문단이 백두산 천지를 올랐다. 위에서 "반세기 만에 처음"이라는 말은 한국 어린이가 분단 이후 북녘과 북한 쪽 백두산에 간 것이 처음이라는 뜻이다.

따라서 문 대통령 일행이 북한에서 백두산에 올라간 것은 한국 사회에서 유일하거나 처음은 아니다. 2003년 9월 개천절 민족 공동행사 또는 2005년 남북 작가 대회에도 백두산 천지 일정은 들어 있었다.[99][100] 개인적으로 들었던 사례도 더 있다. 경로는 2018년 정상회담

98) 이기범, 2018, 『남과 북 아이들에겐 철조망이 없다』, 보리, 9쪽.

99) 김선수, 2018, 「백두대간 종주의 날」, 『금강산, 평화를 마중하다』, 세창미디어, 179쪽.

100) 《오마이뉴스》 2018년 9월 19일자, "[사진] 미리 보는 문재인·김정은 백두산 등반 코스"

때와 같다.

한편 "문재인 대통령, 내일 백두산 방문"이라는 뉴스 자막을 보며, "문 대통령 개인으로는 처음일 것이다. 하지만 정상회담의 수행원 가운데는 동쪽 코스를 경험한 이들이 여럿 있을 것이다"는 생각이 지나가던 참이었는데, 방송에서 내 귀를 의심하게 하는 말들이 연이어 흘러나왔다. 다음 날 아침 출근길, 즐겨듣는 라디오 방송에서도 같은 말들이 반복되었다.

1984년생으로 올해 35세인 김 위원장은 수년 전보다 체중이 불어 고산지대에서 장시간 등반은 건강에 해로울 수 있다는 분석도 있다. 이에 따라 김 위원장은 문 대통령과 함께 헬기를 타고 백두산 중간지대에 도착한 뒤 1~2시간 정도 등산하는 선에서 트레킹을 즐기지 않겠느냐는 관측이 많다.[101]

한국 사회에서 누군가의 체형을 두고 방송에서 이렇게 언급을 할 수 있을지, 청취자는 어떤 반응을 보일지, 거기에 대해서는 더 언급하지 않겠다. 내가 시청하고 읽었던 보도는 위의 "고산지대에서 장시간 등반"이라는 표현에서 보듯, 백두산 천지에 가는 방법(예를 들어 궤도차량의 존재)을 모르고 있었다. 백두산 방문을 보여주는 영상이 나오기 시작한 그날 오후부터는 그런 보도가 나오지 않았다.

---

101) 《뉴스핌》 2018년 9월 20일자, "[평양정상회담] 31세 차이 文·金, 백두산 동반 트레킹"

속보 경쟁도 한 원인일 것이다. 백두산에 오르는 경로를 검토할 시간이 없어서 나온 단순 실수라고 이해해 볼 수도 있을 것이다. 하지만 북한과 관련해서는 사실 그 자체도 검토하지 않거나, 그 이전에 기본적인 내용조차 숙지하지 못하는 것 또한 한국 사회의 현실이다.

앞서 살펴본 바와 같이 한국 사회에는 북한 쪽으로 백두산에 간 사람들이 있었다. KBS는 2000년에 한국 방송사상 최초로 서울~백두산~한라산을 연결해 생방송했다.[102] 그 때문에 문재인 대통령과 김정은 위원장이 백두산 천지에서 손을 잡은 사진을 볼 때마다 나로서는 2000년 전후의 남북 교류의 경험이 한국 사회에서 활용되지 못하는 점이 다시 떠올라 안타깝다. 주변에서는 북한 사회를 얼마나 알고 있는지 고민한다. 나는 거기에 "북한보다 백두산을 먼저 알자!"라는 말을 보탠다.

대중매체의 잘못된 정보 전달

2018년 9월 문재인 대통령과 김정은 위원장의 천지 방문 후 "北 개방 시 백두산 트레킹 코스 개발 제안"[103]과 같이 백두산의 관심이 증가하고 있다. 하지만 한쪽에서는 북한에 가지 않았더라도 조금만 노력하면 찾아낼 수 있는 백두산의 기본적인 정보조차 검증되지 않은

---

102) 《KBS》 2018년 8월 14일자, "10년 만에 평양 생방송 연결?"
103) 《연합뉴스》 2018년 12월 5일자, "도종환 장관, 北개방시 백두산 트레킹 코스 개발 제안"

채 방송에서 언급되고 있다. 잘못된 정보 전달뿐 아니라 대북 제재의
오보로 이어지는 모습도 눈에 띈다.

JTBC의《이규연의 스포트라이트》는 "각축전을 벌이는 북한 관광
산업의 미래와 우리의 준비 상황을 점검한다"고 제작 취지를 밝히고
2019년 1월 아래의 장면을 내보냈다.

내레이션: 저 멀리 보이는 저 백두산의 모습. [...] 입구까지 셔틀버스를
타고 갈 수 있지만 이어지는 1442개의 계단, 서파 코스의 하이라이트죠.
그런데 어느 순간 길이 눈에 묻혀 버립니다. 백두산 가이드: 보시면 여기
서부터 중국이랍니다. 여기서부터는 북한, 이래요. 원래는 여기 못 가게 되
어있어요. 지금 현재는 관리원이 없고. 내레이션: 길이 없죠. 지금은? 백
두산 가이드: 네, 지금 길이 어디가 어딘지 잘 모르고 눈이 다 덮여서. 내
레이션: 국경이 사라진 묘한 상황. (계단을) 30분을 더 올라갑니다. 도착한
곳, 정상에서 마주한 조선과 중국의 표지석(경계비). 그런데 전과 무엇인가
달라진 모습. 중국 쪽에 설치된 출입금지 울타리가 새로 생긴 것입니다.
(중국어로 건너가지 말라고 쓴 울타리 안내판을 비춤.) 백두산 가이드: 대북 제
재가 들어가면서 중국의 제재가 가해지면서 막아서. 관광객들이 사용을
못 하게 되는 거죠. 이용을 못 하게. 내레이션: 스포트라이트가 이곳을 찾
았던 3년 전(2016년 2월) 비교를 해보시죠. 국경 표지석(경계비)은 있었지만
정말 지금 같은 울타리는 없었습니다. 대북 제재가 바꾸어 놓은 풍경.[104]

---

104)《JTBC 이규연의 스포트라이트》2019년 1월 10일자, "단독 공개! 북한 백두대간"

프로그램 화면은 백두산의 서파(서쪽 언덕) 계단을 올라가고 있는데 "(계단 옆을 보여주면서) 여기서부터는 북한, 이래요"라고 말한다. 눈 때문에 "국경이 사라진 묘한 상황"이라는 멘트까지 듣는 순간 내 귀를 의심했다. 계단 옆은 중·조 국경이 아니다. 그곳도 중국이다. 국경이 원래 없는데 국경이 사라졌다고 한다. 백두산 정상 쪽 천지에서 가까운 낭떠러지 지역의 울타리 혹은 경계비 주변에 세운 울타리, 안전 문제 때문에 새롭게 설치한 울타리를 두고 "대북 제재"라고 해석한다.

방송 후 몇 번을 돌려 보았다. 때로는 가이드들 사이에서도 잘못된 정보가 흘러다닌다. 여행객에게 그대로 전달할 때도 있다. 제작진은 몰랐을까? 한국 언론이 가이드 말만 믿은 걸까? 백두산 구조를 모르는 방송국 실수일까? 자꾸만 질문하게 되는 이유가 있다. 오보인 위 내용이 10여 년 전 다른 프로그램을 생각나게 했기 때문이다.

앞에서 언급했듯, 두만강과 압록강은 선으로 된 국경이 전부가 아니다. 북한과 중국은 강을 공유한다. 그런데 2008년 KBS 《1박 2일》[105] 프로그램에서 상징적인 국경 표시가 강 중앙에 있다고 오보를 내보낸 적이 있었다. 그 후 10여 년이 넘게 한국 사회에서는 중·조 국경을 사실과 다르게 아는 경우가 늘어났다.

한 번 나온 방송은 대부분 고쳐지지 않고 재방송 혹은 다시보기 형태로 계속 사람들에게 영향을 미친다. 나로서는 앞으로 서파를 올라가는 한국 여행객과 단체가 보일 행동과 말들을 생각하지 않을 수 없

---

105) 《KBS2》 2008년 7월 8일자, "백두산을 가다 2탄"

백두산 서파, 오른쪽은 국경이 아니다(2019년 7월)

경계비 5호가 아닌 37호

경계비 주변에 울타리만 새로 생겼다(2019년 7월)

었다. 혹시나 해서 그 프로그램이 방영된 지 6개월 뒤인 2019년 7월 백두산 서파 계단을 올라가며 다시 확인했다. 눈이 녹은 자리에는 "계곡물을 구하러 내려가지 말라"와 "화초를 만지지 말라"는 안내판들뿐이었다. 중국어를 몰라도 상관없다. 영어로도 안내하고 있다.

그곳이 국경임을 알리는 어떤 말도 없었다. 천지 주변도 마찬가지였다. 《이규연의 스포트라이트》가 언급한 "3년 전"에서 변한 것은 천지를 내다보는 전망대 공간이 좁아졌다는 것뿐이었다. 그 외에 변한 것은 없었다. 뭐가 "대북 제재가 바꾸어 놓은 풍경"인지 알 수가 없었다.

굳이 변했다면 다른 것이었다. 그 프로그램에서는 울타리를 주목할 것이 아니었다. 표지석이라고 말한 경계비(경계 팻말)를 주목해야 했다. 서파의 경계비가 5호에서 37호로 바뀐 것은 2009년이다.[106] 거기에 관심은 갖지 않은 것은 한국 언론의 분위기에서 당연한 일일지도 모르겠다.

2019년 문재인 대통령이 백두산에 간 그날, 내가 보고 검색한 모든 방송과 신문에서는 5호로 표시한 서파의 경계비로 여전히 천지 지형을 설명했다. 경계비가 최근에 바뀐 것도 아니다. 10여 년 전 일이었다. 책을 뒤질 필요가 없다. "(2009)"가 경계비에 새겨 있다.

단순한 표지석이 아니다. 중·조 국경(두만강과 압록강 그리고 백두산)을 바라보고 활용하는 북한과 중국 관계가 함축된 것이다. 앞으로 한반

---

106) 이종석, 2017, 『북한-중국 국경: 역사와 현장』, 세종연구소, 61-85쪽.

도 통일 과정에서 한국 사회가 만나게 될 국경의 현주소를 담은 것이다.

한국 사회는 그 변화조차 따라가지 못하고 있다. 10년째 모르고 있다. 울타리의 변화만 주목하는 것이 한국 언론의 현주소이다. 한편 아래와 같은 방송 내용이 나올 때면, 북한과 관련한 모습을 "대북 제재"라는 관점으로 귀결하고 마는 일을 막기란 한 연구자의 노력으로는 벅차다고 느낀다.

북한 주민들의 이례적인 압록강 유람은 대북 제재 국면에서도 주민들의 생활에는 지장이 없다는 점을 과시하기 위한 것으로 풀이됩니다.[107]

그 장면에 대해, 그래도 압록강을 15년 넘게 바라본 경험으로 판단하면, 신의주에서 출발하는 압록강 유람선이 자주 있는 것은 아니다. 그렇다고 이례적인 모습도 아니다. 그런데 방송 말미에서 이를 "대북 제재"의 관점에서 해석한다. 인류학자로서 나는 "2019년 전후 대북 제재라는 말이 방송과 기사에서 자주 등장했다. 그런데 대부분 오보였다"고 기록할 수밖에 없다.

「한국 언론은 안락의자 인류학을 한다?」라고 물었던 2016년과 마찬가지이다.[108] 한국 연구자와 언론이 자유롭게 북한을 갈 수 없는 상황은 마찬가지다. 검증이 어렵다는 사실이 추측과 오보를 낳고 있

107) 《KBS》 2019년 4월 22일자, "압록강 유람선 타고 노래 부르는 북한 주민들 목격돼"
108) 강주원, 2016, 『압록강은 다르게 흐른다』, 눌민, 191-198쪽 참고.

다. 2019년 현재 정부가 바뀌고 시대가 바뀌어도 한국 사회의 달라지지 않은 모습이다.

빨랫줄이 국경 표시였던 남파의 변화

한국에서 백두산으로 가는 대표적인 방법은 중국 선양(심양) 혹은 옌지(연길)로 비행기를 타는 것이다. 각각 공항에서 차로 6시간과 4시간을 달려 백두산 아래 도시에 닿으면 해가 저물어 있게 마련이다. 하룻밤은 자야 한다. 다음날 백두산 서파 혹은 북파로 올라가 천지를 본 뒤 내려오는 여정이다. 천지만 본다고 해도 꼬박 2박 3일이 걸린다. 여름철에는 한국 단체 여행객을 태운 관광버스들이 백두산 주차장 한쪽을 메운다.

그 외에 중국 쪽에서 올라가는 코스는 남파이다. 그리고 북한 쪽에서 문재인 대통령이 갔던 코스인 동파가 있다. 앞에서 언급한 바와 같이, 2천년대 김대중과 노무현 대통령 시절 북한을 방문했던 사람은 동파를 통해 백두산 천지를 본 추억을 간직하고 있다.

하지만 2010년 전후부터 한국 국적만을 가진 사람은 동파와 남파를 제외한 북파와 서파만을 통해서 올라갈 수밖에 없다. 동파가 제외된 것은 2010년 5·24 조치가 결정적이었다. 북한으로 가는 방법이 까다로워졌기 때문이다. 남파가 제외된 이유는 따로 있지만, 아래와 같이 북한과 관련이 있다는 소문으로 사람들 입에 오르내리곤 한다.

연중 개방 체제인 북파나 서파와 달리 남파는 관광객 안전 등 각종 이유로 개방과 폐쇄를 거듭해온 탓에 재개방을 기다리는 관광 수요가 많았던 곳이다. [...] 중국 당국의 적극적인 해명에도 소셜네트워크서비스(SNS)상에서는 (2017년) 이번 창바이산(백두산) 난징구의 대외 개방 무기한 연기 조치를 북한의 핵 문제와 연관 짓는 분위기다. 북한이 최근 실시한 6차 핵실험에 따른 방사능 유출 가능성 때문에 개방을 연기한 것 아니냐는 의구심이 퍼지고 있다.[109]

이 내용에는 사실과 어긋난 점이 있다. 2010년 전후부터 중국 가이드들 사이에도 남파에 간 경험을 말하는 사람이 드물다. 개방과 폐쇄를 반복한 것이 아니고 폐쇄 기간이 길었다고 보는 것이 옳다. 남파와 북한의 핵을 연관 짓는 것도 위 기사에서 언급했듯 말 그대로 "의구심"이다. 그런데 뉴스라는 이름으로 전달하고 있다.

만약 방사능 유출 가능성이라고 한다면 문제는 남파만이 아니다. 버스로 한두 시간 거리의, 직선거리로는 더 가까운 북파나 서파도 폐쇄해야 하는 것이 옳다. 경계비 36호(옛 4호)가 있는 남파에서 37호(옛 5호)가 있는 서파까지 거리는 산등성이를 따라 3,100미터이다.[110]

남파를 통해 백두산에 닿고자 하는 사람들이 많은 데는 이유가 있다. 즉 중·조 국경에서 거리가 있는 중국 지역에서 올라가는 북파·서파와 달리 남파는 중·조 국경을 따라가는 코스라는 점이 매력

---

109) 《아시아경제》 2017년 9월 14일자, "中 백두산 남파 재개방 무기한 연기"
110) 이종석, 2017, 『북한-중국 국경: 역사와 현장』, 세종연구소, 65쪽.

10여 년 전 백두산 남파 국경선, 빨랫줄(2008년 8월)

백두산 남파 국경선(2018년 8월)

적이다. 이종석(진 통일부 장관)은 남파 지형의 특징을 아래와 같이 설명한다.

압록강 물줄기를 따라 최상류 백두산 기슭으로 올라가면 이 물줄기는 천지에서 동남방 방향으로 약 5킬로미터 거리에 둔 지점에서 세 개의 작은 물줄기로 나누어져 더 상류로 거슬러 올라가게 된다. [...] 바로 이 지점에서 세 물줄기 중 천지 방향으로 가장 가까운 것, 즉 가장 왼쪽 물줄기의 중심을 따라 국경선을 획정하였다. 그러나 이 물줄기는 비가 오거나 눈이 녹을 때만 흐르며 평소에는 말라 있는 골짜기였다. 국경선은 이 물줄기에서 천지를 둘러싼 16개 봉우리 중의 하나인 관면봉 정상까지 이어진다. 이 관면봉 정상에 4호(2009년 기준 36호) 대형 경계 팻말(경계비)이 세워졌다. 이곳이 중국의 백두산 관광구역으로 보면 압록강 최상류를 따라 올라가는 남파 정상이다.[111]

이와 같이 중·조 국경이 선으로 되어 있는 지역이 일부분에 걸쳐 있다. 즉 백두산 천지 일대의 45킬로미터 국경 구간은 육상 경계선이다. 남파는 그 지형을 따라가는 코스다. 다시 말해 북한과 중·조 국경을 코앞에서 바라볼 수 있는 코스가 남파다.

2008년 여름 나는 남파 코스에 올랐는데, 서파·북파에서 체험과는 분명 다른 것이었다. 그 뒤로 남파에 갈 수 있는지 종종 알아보았

---

111) 이종석, 2017, 『북한-중국 국경: 역사와 현장』, 세종연구소, 62-65쪽.

선물로 받은 북한산 생수(2018년 12월)

다. 10여 년이 지난 2018년 8월 중국 지인에게서 남파가 문을 열었다는 소식을 접하고 다시 방문했다.

그때 내게는 확인하고 싶은 것이 하나 더 있었다. 2000년 나는 "강변 너머 마을(북한) 숟가락과 젓가락이 몇 개인지를 알고 지낸다"는 말을 두만강에서 들은 적 있었다. 거기에 더불어 2008년 남파 정상에서 본 모습이 지금까지 그 지역을 연구하는 내게 배경 역할로 작용했기 때문이다.

1960년대 이후 중·조 국경은 한반도를 가로지르는 철조망과 달리 경계비가 유일한 표시였다. 그러다가 2006년 전후에 두만강과 압록강에 부분적으로 철조망이 생기기 시작했다. 2019년 기준으로 중·조 국경 철조망의 역사는 15년이 되지 않는다. 그것도 전 지역이 아니다. 그런 상황에서 참여관찰을 해왔기에 나는 2008년 남파의 천지에서 보았던 가느다란 줄을 잊을 수가 없었다. 그것은 빨랫줄이다.

2008년 남파의 끝자락에 서 있던 나는 어디가 북한 땅이고 어디가 중국 땅인지 구분할 수 없었다. 다만 빨랫줄에 매달린 작은 나무판(한국어로 번역하면 국경을 넘는 것을 금함)의 글자만이 그곳이 중·조 국경임을 알게 하였다. 넘어갈 수 없는 줄도 아니었다. 군인들이 총을 들고 삼엄하게 경계하는 철조망을 곧 국경으로 인식하는 한국 사회에서 살아왔던 나에게 그 줄이란 문화충격에 가까웠다.

국경선이 빨랫줄이라는 것, 그것은 그런 국경 지역에 살고 있는 양국 사람들의 삶이 어떤 것일지 궁금하게 하는 것이었다. 그 때문에 10여 년 동안 그 빨랫줄이 어떻게 변했을지 궁금했다. "(이번에 남파를 올라가면) 백두산 네 코스를 다 가 보신 유일한 한국 천주교 신부님이 되시겠네요"라는 유쾌한 말을 일행과 주고받으며 올라갔지만, 마음은 성급할 만큼 남파 정상에 가 닿아 있었다.

도착하자마자 확인한 2018년 여름 남파의 국경선 형태는 10여 년 전 모습이 아니었다. 빨랫줄은 없었다. 튼튼해 보이는 쇠줄 한 가닥이 대신하고 있었다. 그 외에 변한 모습은 보이지 않았다. 대북 제재가 한국 사회에서 오르내리던 지난 10여 년 동안 북한과 중국은 그렇게 살아왔다. 그 시기는 한국 사회의 잃어버린 10여 년, 그때와 겹친다.

3부

간과되는 남북 교류와 만남:
또 하나의 중심축인 압록강과 단둥

끊어지지 않고 이어져온 무대

중국(단동)에서 만남은 공작일까?

현실에서 휴전선은 이동을 막는 장벽의 성격이 강하다. 압록강은 한국도 동참하는 북·중 교류와 만남의 통로 역할을 맡아왔다. 두 곳은 현실에서 사실과 다르게 그려지곤 한다. 휴전선, 그곳에 공존과 교류의 상상력을 불어넣은 영화가 있다. 단절이라는 편견에 기대어 압록강에 인접한 중국 도시를 묘사하는 영화(소설)도 있다. 사실과 편견, 거기에서 비롯한 상상력이 서로 엇갈린다.

여러 해석이 있겠지만, 2000년 제작한 영화《공동경비구역 JSA》는 나에게 남북이 공존할 수 있는 공간이라는 꿈을 자극했다. 2011년 개봉한《풍산개》는 휴전선을 넘나드는 방식을 떠나, 어떤 방식이든 남북에 교류가 있을 수 있다는 상상을 펼칠 수 있어서 와 닿았다.

두 영화의 주요 장면들은 압록강이라는 공간에서 벌어지는 현실과 비슷했다.《공동경비구역 JSA》는 첫 남북 정상회담 열기가 이어가던 분위기,《풍산개》는 2010년 5·24 조치라는 장벽이 들어서던 시기에 관람했기에 더 기억에 남는다.

단둥(압록강)은 소설이나 영화의 배경이 되곤 한다. 대표적으로, 2013년 출판된 소설『정글만리』와 2018년 영화와 소설 양쪽으로 선보인『공작』이 있다. 하지만《공동경비구역 JSA》나《풍산개》와 달리 두 작품은 평화 공존의 상상력을 자극하기보다 벽을 쌓는 내용이고, 단둥이라는 곳의 실제와 거리가 먼 모습이 등장한다는 점에서 안타깝다.

특히 소설『공작』은 문재인 대통령과 김정은 위원장이 판문점에서 만난 이후인 8월에 영화로 나왔다. 1990년대와 2000년대가 주된 배경이지만 소설이자 영화 속 단둥은 말 그대로 공작의 무대였다. 2019년 현재에도 한반도 밖, 남북 만남의 공간에 많은 간첩이 존재할 것으로 바라보는 한국 사회의 선입견과 닮았다.

소설『정글만리』의 주인공인 사업가는 단둥의 북한 노동력을 활용할 계획을 단념한다. 그런 소설 내용과 달리, 현실의 단둥에서는 한국의 대북 사업가들이 북한 노동자를 고용한 중국 공장과 사업을 추진하고 있음을『압록강은 다르게 흐른다』에서 언급했다.

이번에는 소설『공작』을 나만의 방식으로 바라보겠다. 소설의 주무대는 중국 베이징(북경), 선양(심양) 그리고 단둥이었다. 먼저, 영화와 소설의 실제 주인공을 만나 "대북 특수공작 활동의 이면"을 들었다는 잡지의 취재 내용이다.

(1990년대) 그가 주력한 공작 사업은 중국을 무대로 북한 포대갈이 사업
과 조총련계 재일동포를 통한 우회 침투 공작이었다. 포대갈이 사업이란
중국산 농산물을 북한 남포항으로 싣고 가, 포대만 북한산으로 바꾼 뒤
국내로 들여오는 공작을 말한다. [...] 사업가로 위장한 그는 남북 합작
광고를 찍는 사업을 추진하며 북한을 오갔다. [...] 박 씨는 고려청자 등
골동품 6점을 받아 서울로 반입해 비싼 값에 처분해주었다. 또 감정사를
데리고 북한으로 가서 감정 능력에 신뢰를 심어주었다. 그 모든 과정이
안기부 협력 속에 이뤄졌다.[112]

아래는 소설 『공작』에 나온 내용 가운데 관심 있게 읽은 부분을 요
약한 것이다. 위 기사 내용과 마찬가지로 소설에서도 모든 장면을 공
작과 연결한다.

(1990년대 중반) 북한산 농산물은 국내에 수입할 때 내부 거래로 취급되
어 관세가 면제되었다. 따라서 국내에서 인기 있는 농산물은 중국에서
값싸게 대량 구입하여 북한 남포항에서 포장만 바꾸고, 북한 당국의 원
산지 표시 증명만 받으면 많은 이익을 남기는 사업이었다. 하지만 당시
관련 업자는 상당히 제한적이었다. 우선, 북한 측 고위 인사의 협조가 없

---

112) 《시사IN》 2018년 8월 15일자, "대한민국은 왜 흑금성을 버렸나"

으면 원산지 표시 증명이 불가능했고, 안기부나 정보사 같은 기관의 협조 없이는 북한산으로 둔갑된 중국산 수입이 불가능했기 때문이다.[113]

저자의 표현대로 "99%의 사실과 1%의 허구로 구성했다"는 『공작』에서 위 대목과 비슷한 내용을 읽을 때마다 나는 고개를 끄덕였다. 하지만 갸웃거리는 횟수도 덩달아 늘어났다. 공작이나 안기부 같은 말이 나오지 않은 대목은 다시 읽곤 했다.

대북한 무역업을 위주로 하는 전문 컨설팅 사업을 할 계획이었다. [...] 단둥에 임가공 공장을 차려 중국과 북한 사이에서 의류 제조업을 하는 ○○○ 단둥 지사의 이사로 위장 근무 [...] 단둥에는 압록강 너머를 목 빠지게 바라보며 대박의 꿈을 꾸는 한국인 중개업자들도 수십 명이나 되었다.[114]

이런 사례들은 2006년부터 단둥에서 들어왔던 너무 익숙한 이야기다. 앞에서 인용한 기사와 소설의 대목도 공작과 관련한 상황에 주목하지 않으면 단둥에 사는 한국사람의 삶에서 크게 벗어나지 않는다. 소설이라기보다 사실 그대로 묘사했다고 봐도 무방해 보인다. 그러나 소설과 영화는 공작을 강조하다 보니, 등장하는 중국 도시들을 공작원들만 존재하는 공간으로 묘사한다.

---

113) 김당, 2018, 『공작』, 이룸나무, 113-114쪽.
114) 김당, 2018, 『공작』, 이룸나무, 138-169쪽.

남북이 만나는 일상의 삶도 등장하는 대목이 나오기를 기대하면서 다시보기와 독서를 이어갔다. 하지만 끝내 볼 수 없었다. 여운은 하나로 집약되어 남았다. 공작원만 있는 도시에서 은밀한 작업이 가능할 수는 없다. 일상에서 이런저런 만남이 많아야 자연스럽게 공작도 가능하다. 그렇지만 위의 소설과 영화에서는 베이징과 단둥을 일상적인 남북 만남이 이루어지는 공간으로 바라볼 여지를 전혀 주지 않는다.

이 글을 쓰기 며칠 전 나는 베이징에서 북한사람과 아파트 아래위 층으로 살며 왕래했던 지인의 경험을 들었다. 그 이야기는 소설 『공작』의 시대적 배경인 2000년대 전후와 겹쳤다. 중국 단둥에도 한국 기업이 건설한 SK 아파트의 같은 층에 이웃사촌으로 지내는 남북의 가족이 현재(2019년)도 있다. 그들이 모두 공작원일까? 그러기에 단둥에는 그런 남북의 사람들이 너무 많다. 북한 해외노동자 약 2만 명을 제외하고도 한국사람보다 많은 북한사람들이 산다.[115]

일상적이고 평범한 만남도 있다

단 한 대목이라도 일상적인 남북 만남의 공간으로 중국의 다른 도시들과 단둥을 묘사했다면 좋았을 것이다. 여기에서는 감상을 잠시 접

---

115) 강주원, 2016, 『압록강은 다르게 흐른다』, 눌민, 124-135쪽 참고.

고, 나 또한 소설이나 영화의 소재가 될 내용을 한 번 써보았다. 공작원 대신 대북 사업가로 주인공 직업을 바꾸면, 비슷하지만 다른 작품이 된다. 영화 『공작』의 주인공 인터뷰처럼 나 역시 연구자로서 단둥의 사실과 현실에 근거해서 한 명의 주인공을 묘사했다.

그는 대북 사업가 1세대다. 그는 늘 내게 말하곤 했다. 중국에서 남북의 정치인만 비밀리에 만난 게 아니었다고, 남북 간 경제 활동도 했다는 사실을 강조한다. 사실인지 확인할 수 있는 것은 아니지만, 2천년대 한국 대기업이 북한과 광고 촬영을 협상하거나 사업 거래를 위해 앞 다퉈 베이징에 갈 때마다 그 자신이 그 자리에 있었다고 한다. 그런 일을 언급할 때면 누구나 아는 한국 대기업과 사업가 이름이 흘러나온다. 방송 교류의 가교 역할도 자기 몫이었다고 한다. 단둥에서 살며 북한사람을 만날 때는 늘 상대가 공작원인지 경제일꾼인지 구분하고자 노력했고, 단둥에는 북한 무역대표(경제일꾼)들이 더 많았다고 강조해서 말하곤 했다. 그런 일을 할 수 있었던 것은 북한사람과 경제 활동을 함께 하며 맺은 인맥이 큰 몫을 했다는 것이었다. 구체적인 사업 이야기(북한과 한국을 연결하는 경제 활동)를 듣다 보면 단둥사람이라면 다 아는 내용이었다. 그들과 만남은 대북 사업만은 아니었다는 말을 그는 잊지 않았다. 때때로 일상의 공간에서 북한사람과 어울렸던 일화, 갈등과 오해와 화해가 섞인 추억을 말할 때 그는 미소를 짓곤 했다. 그런 삶을 살아온 대북 사업가는 그 혼자만이 아니었다. 세월 따라 사람들은 그대로 혹은 바뀌었지만 남북 만남의 경험이 쌓인 두께는 30여 년 가까이 되었고 2019년 지금도 쌓이는 중이다.

어쨌든 소설의 어느 대목에서는 단둥에서 남북의 가족이 함께 식사하는 장면이나 평양이 고향인 아버지와 아들이 야시장에서 양꼬치를 구워 먹는 모습, 대북 사업가 가족의 자식 교육 정도는 들어가도 좋았을 것 같다. 2000년대 중반 단둥의 대학에서는 남북의 선생이 중국 대학생들에게 한국어를 가르쳤다. 2000년대 전후부터 중국 학교 교실에서 네 집단과 다문화 가정의 자녀들이 함께 공부하고 있다. 자연스럽게 남북의 학생이 짝꿍이 되기도 하고 서로 집에 놀러 가기도 한다.

2019년 여름 중국의 동북 3성 한 도시에서 조선족 Y를 만났다. 그녀의 초등학생 아들이 북한 선생에게 미술을 배우고 있다고 했다. 함께 간 동료가 "그래요? 최근 현상이죠? 그런 경우가 많지 않죠?"라고 물었다. 그러자 "아니요. 제가 아는 북한 선생만 해도 주변에 많습니다. 예전부터 있었습니다. 아들의 친구인 한국 학생도 북한 선생에게 배우고 있는 거로 알고 있습니다"라고 대답했다. 북한의 예능 선생이 잘 가르친다는 소문이 나서 중국 선생보다 과외비가 비싸다는 말도 덧붙였다. 사실이다.

통일이 되었을 때나 가능하다고 여기는 만남들이 중국의 다른 도시들과 마찬가지로 단둥에서는 20년 넘게 펼쳐지고 있다. 공작과 간첩의 시각으로 보면 그런 모습이 보이지 않는다. 사람들 삶의 많은 것을 놓친다. 압록강과 단둥을 일상적이고 평범한 공간으로 볼 때 남북의 만남은 미래형이 아니고 현재진행형임을 알 수 있다. 남북 공존

서울과 평양을 연결하는 중조우의교(2018년 4월)

중조우의교(압록강)를 넘나드는 북한 트럭(2017년 1월)

의 상상력은 넓어진다. 그것이 한국 사회가 중·조 국경 지역과 단둥을 알아야 하는 이유라고 나는 생각한다.

그래야 한 명이라도 더 중국에서 남북 교류와 만남의 일을 할 수 있다. 그 과정에서 남북 사람들이 애증 관계를 축적할 수 있다. 그러다 보면 제2의 서울시 공무원 사건, 제2의 김호 간첩 사건이 일어나지 않을 것이다. 공작과 스파이 공간이라는 편견으로 중국의 도시들을 바라보면 한국 사회에서 그곳에 가고자 하는 사람이 그만큼 줄어들 것 같다. 한편 2018년 이후 막혀 있던 남북 교류의 변화상을 읽을 수 있는 사례가 있다.

선양(심양) 북한 영사관 사무실에 한국에서 보낸 몇 천 건의 팩스가 쌓여 있다고 한다.

이는 2018년 이후 중국에서 북한사람을 만나고 온 사람들이 전하는 말이다. 그 소문은 중국에 체류하는 북한사람이 말했다는 아래 내용이 더해져 세미나 자리 같은 곳에서 이야기되곤 한다. 이는 중국에서 남북이 많이 만나고 있다는 사실과 함께, 한편으로 2019년 전후한국 사회가 북한사람을 직접 만나는 법을 잘 모르고 있다는 사실을 드러내는 사례로 받아들여진다.

(잃어버린 10여 년) 2000년대에 직접 찾아왔던 (한국) 사람들을 2019년에도 만나고 있다. 그들을 만나기가 바쁘다. 그런데 남측 사람들은 중국에

서 우리(남북)가 만나왔다는 것을 잘 모르는 것 같다. 들어보지도 못했던 남측 민간단체들이 수많은 교류 제안을 담은 팩스만을 보내오고 있다.

한국에서 위 이야기들이 오고 갈 때 2019년 5월 독일 언론 FAZ에 문재인 대통령이 기고했다. 그는 "평범함의 위대함"이라는 제목을 달았다.[116] 내가 보았고 기록했던 네 집단의 삶 속에 문 대통령이 언급한 "평범한 사람들"의 궤적이 있다. 물론 그의 글에서 단둥은 소재가 아니었다. 그렇지만 기고문 뼈대에 나의 현지조사 내용을 덧붙여본다.

"평범한 사람의 삶을 위한 평화"가 있는 공간이 단둥이다. "평범한 사람이 자기 운명의 주인이 되는 일"이 가능한 곳이 단둥이다. "남과 북의 항구적 평화 정착을 촉진하기 위해 함께 번영할 수 있는 길을 고심"해왔던 곳이 단둥이다. "평화를 이루는 것도 결국 평범한 국민의 의지로 시작되고 완성될 수 있다는 것"을 보여주는 곳이 단둥이다. "평범한 사람이 지속적으로 자신의 삶을 꾸려갈 수 있는 것, 일상 속에서 희망을 유지할 수 있는 것"이 가능했던 단둥이다.

하지만 남북 교류와 관련한 책들에서 거의 등장하지 않는 네 집단의 사람이 사는 터전, 지명이 아니라 "제3국"으로 처리되곤 하는 공간, 남북경협 역사에 자주 언급되는 "위탁가공"이 실제로 일어나는 곳이

---

116) 《오마이뉴스》 2019년 5월 7일자, "[전문] 문재인 대통령의 평범함의 위대함"

지만 그런 곳으로 설명되지 않는 도시가 단둥이다.

중·조 국경 지역은 특별한 사람들의 공작 무대 따위가 아니다. 때로는 북한사람과 함께 경제 활동을 하며 사는 평범한 사람이, 때로는 남북 협상을 위해 단체나 기관(예를 들어 NGO와 언론 실무자)에서 출장 온 조금은 특별한 사람이 남북 공존과 평화를 실천해온 공간이다. 또한 한국 사회가 늘 비교하는 독일과 닮은 곳이기도 하다.

> 서독 주민이 동독 구간에 발을 내디딜 수 있던 상황은 감시와 통제 속에서도 동서독이 만날 수 있는 틈새를 만들어냈다. [...] 서독/서베를린 주민이 동독 통과 구간 곳곳의 휴게소와 주유소에 출입할 수 있는 상황을 이용해 가족이나 친지를 만날 수 있었다. [...] 가족이나 친지가 휴게소에서 만나 아침을 함께 먹는 가족 모임이 충분히 가능했다. 이도 저도 여의치 않으면 동독인이 갈 수 있는 동유럽 국가에서 만나기도 했다.[117]

위 사례는 통일 이전 독일에서 사람들이 어떻게 살아왔는지 보여준다. 나는 이런 모습을 딴 세상 이야기로만 여기는 사람들을 한국 사회에서 많이 보았고 논문과 책에서도 읽었다. 그런데 그런 일상의 만남이 동서독 사람 사이에서만 있었던 것은 아니었다. 남북의 만남에도 있었다. 지금도 있다. 힘들게 평양에 가지 않아도 동서독 사람들처럼 "휴게소(식당)"나 "아침을 함께 먹는" 일상의 경험을 나눌 공간들

---

117) 최승완, 2019, 『동독민 이주사 1949~1989』, 서해문집, 411쪽.

은 분명 존재해왔다.

다만 한국 사회가 그런 곳이 있음을 알지 못하고 그런 공간이 존재하는 한반도 밖의 도시들을 보고자 하지 않았을 뿐이다. 북한을 한국 사회가 생각하는 만큼의 폐쇄적인 국가가 아니라고 볼 때 위의 마지막 문장은 다시 읽힌다. "(동서독은) 동유럽 국가에서 만나기도 했다"는 "(남북은) 한반도 밖의 국가(중국)에서 만나기도 했다"로 이어진다.

대북 제재 이전에도 대북 제재 중에도 남북의 사람이 만나는 지역이 있다. 단둥이다. 그리고 두만강과 압록강의 중국 도시들이다. 한국의 시민단체, 사업가, 지자체가 북한사람과 만나 경험과 지식을 교류하고 일상을 나누는 것이 대북 제재 위반도 아니다. 나는 문득 이제부터라도 한국 사회가 통일 이전의 독일을 무조건 부러워하지 않았으면 좋겠다는 생각을 해본다.

예전에도 지금도 그들은 중국에서 만나고 있다

2005년 개성공단에 남북경협사무소가 마련되었다. 사실상 남북을 연결하는 연락사무소 역할을 수행했다는 평가가 있다. 기간은 약 5년이다. 2010년 5·24조치로 폐쇄되었다. 그 이후 약 8년이 흐른 뒤 남북 교류와 만남에서 하나의 이정표로 언급되는 공간이 생겼다. 2018년 9월 14일 "남북 간 교섭 및 연락, 당국 간 회담 및 협의, 민간 교류 지원, 왕래 인원 편의 보장" 등의 기능을 담당할 남북공동연락사무소의 개소식이 개성에서 있었다.

이와 같은 남북이 함께하는 공간이 만들어질 때 한국 사회에는 정부만 아니라 민간 차원의 교류 협력이 이루어질 것으로 기대하는 목소리가 있었다. "일상적으로 서로가 대화하고 접촉하는 통로"[118]를 만들었다는 평가도 있었다. 그러나 2019년 5월 "개성 남북공동연락사무소에 대한 민간의 활용도가 낮다"[119]는 보도가 나오는 것이 현실이었다.

그때까지 기대만큼 민간인들의 남북 만남이 그곳에서 이루어지지 않고 있었다면 한국 사회의 민간단체나 언론인 그리고 사업가들은 남북 교류와 만남을 기다리고만 있었던 걸까? 2018년 이후 남북의 사람들은 어디서 어떻게 만나고 협상을 하고 있을까? 그 단서는 신문기사 등에서 쉽게 찾을 수 있다. 날짜에 주목했다.

> 민족화해협력범국민협의회(민화협)가 이달 중 북측 민족화해협의회(북측 민화협)와 중국에서 만나 남북 민화협 상봉대회를 계기로 결성하자고 합의한 사회문화교류 공동위원회 등을 논의할 예정인 것으로 (2018년 11월) 21일 알려졌다.[120]

이는 통일부 장관이 "남북 간에는 이제 1년 365일 24시간 상시 소통

---

118) 《오마이뉴스》 2019년 5월 7일자, "[전문] 문재인 대통령의 평범함의 위대함"
119) 《경향신문》 2019년 5월 1일자, "[단독]통일부, 남북 교류협력지원협회 공기업으로 전환 검토"
120) 《한국일보》 2018년 11월 21일자, "남북 민화협, 이달 중국서 회동"

할 수 있는 체제를 갖추게 됩니다"라고 언급한 남북 공동연락사무소
가 2018년 9월 14일 개소된 지 2달이 지난 이후의 풍경이다. 해를 넘
겨서도 마찬가지이다. 남북 만남의 또 다른 공간이 있었다. 2019년
겨울과 봄에 예정된 남북의 만남을 한국 언론은 보도하였다.

(2019년 1월) 남측 통일부, 북측 민족경제협력연합회(민경련) 단동대표부,
민족화해협의회(민화협) (중국) 심양(선양)대표부와 긴밀한 협력을 통해 협
력 사업을 전개하겠다.[121]

민족화해협력범국민협의회(민화협)는 이달 말(2019년 5월) 중국 선양(심양)
에서 북측 민족화해협의회(북측 민화협)와 남북 교류 사업 재개를 위한
실무 접촉을 하기로 했다.[122]

당연히 이 시기에도 개성에 남북공동연락사무소가 있었다. 개소식을
한 지 약 8달째였다. 그런데 위 단체들은 중국에 갈 계획을 발표하였
다. 이들은 아직 공식적인 창구인 남북공동연락사무소가 활성화되
지 않았기 때문에 민간 차원의 남북 간 교류협력 사업을 추진하기
위해서 중국으로 간 걸까?

2001년 11월 남북협력제주도민운동본부가 북한의 민화협과 북경 회담

---

121) 《뉴스1》 2019년 1월 9일자, "평화열차 타고 평양으로"
122) 《연합뉴스》 2019년 5월 7일자, "민화협 이달 말 北과 선양서 실무접촉 예정"

을 통해 제주와 북한과의 교류 협력 사업의 일환으로 제주도민 대표단의 1차 방북 계획을 합의한 바 있었다.[123]

2019년 전후와 마찬가지로 2000년대 남북의 사람들은 중국에서 만났다. 1990년대 남북의 만남과 관련된 자료를 찾아보았다. 1990년대 북한을 방문하기 전에 방문 목적, 인원, 일정에 대한 의논을 어디서 했는지를 알아보았다. 그 과정에 대해서는 이기범(어린이어깨동무 이사장)의 책[124]에 구체적으로 나와 있다.

2001년 3월 콩 우유 급식과 연관된 세번째 방북은 2000년 6월부터 2001년 1월까지 내가 중국 베이징에서 북측 관계자를 일곱 번 만나 이루어진 일이다. 2000년 3월에 했던 두번째 방북 또한 1999년 4월부터 2000년 2월까지 여덟 번이나 협의를 거쳐 일궈 낸 결실이었다. 방북을 꾸준히 이어가기 힘들었던 때였지만 베이징에 머물면서 일하는 북녘 사람들이 있기에 그나마 가능한 일이었다.[125]

그는 1999년부터 베이징에서 북한사람과 만나 협의했음을 언급하고 있다. 마지막으로 "베이징에 머물면서 일하는 북녘 사람들이 있기에

123) 제주 남북 교류협력 10년 발간위원회, 2009, 『평화의 감귤, 한라에서 백두 1999~2009』, (사)남북협력제주도민운동본부, 67-69쪽.

124) 이기범, 2018, 『남과 북 아이들에겐 철조망이 없다』, 보리, 62-66쪽.

125) 이기범, 2018, 『남과 북 아이들에겐 철조망이 없다』, 보리, 92쪽.

그나마 가능한 일"이라고 말한다. 그 책의 다른 부분에는 "출장이 중국으로 북으로 참 잦았던 시절이다"라고 말한다. 이는 중국에 북한사람이 있었기 때문에 간 것이고 중국도 자주 갔기 때문에 북으로도 자주 갈 수 있었다고 나는 바꿔 읽어본다.

휴전선 너머가 아닌 중국에 남북 협상과 만남의 공간이 있었기에 북한으로 자주 가는 것이 가능했던 것으로 다시 풀어서 해석할 수 있다. 역사는 그냥 반복되는 것은 아니다. 그러한 방식이 과거 남북 만남의 역사였고 현재의 모습이기도 하다. 물론 2019년 전후 한반도 내에서 남북의 사람들은 만났다.

> 남북 공동선언 이행을 위한 2019년 새해맞이 연대모임 추진위원회는 12일부터 13일까지 금강산 관광 지구 내에서 새해맞이 연대 모임을 진행한다고 밝혔다. 이번 연대 모임에는 남북과 해외 인사 등 총 400여 명이 참석할 것으로 예상된다.[126]

금강산에서 만남이다. 거기까지는 좋다. 그런데 뒷이야기는 그렇지 않다. 통일부가 대북 제재에 관한 사항이라고 밝히며, 동행한 기자들에게 노트북과 방송용 카메라를 가져가지 못하게 했다. 참가자 중에는 DSLR 카메라도 가지고 갈 수 없었다. 2019년 전후 남북은 한반도에서 이렇게 만났다. 휴전선이 멈춰 있기 때문에 중국에 간 것만은 아니다.

---

126) 《뉴시스》 2019년 2월 12일자, "남북, 오늘 금강산 새해맞이 행사"

왜 그들은 중국에 갈까?

2018년 이후에도 "왜 중국에 갈까?"라는 의문에 다른 실마리가 있다. "28차례(1998년부터) 북한을 다녀왔고 80명이 넘는 대남 사업가(북한사람)들과 100차례 넘게 협상을 했다"는 오기현(한국피디연합회 통일특위위원장)의 책에서 찾을 수 있다. 그는 과거의 경험을 통해서 현재 최적의 남북 만남의 공간을 이야기한다. "(2019년 전후) 당분간은 남북이 제3국 통로를 선호할 수도 있다"는 의견을 내놓는다.

> (2019년 전후부터) 만약 남북이 사업을 협의하기 위해서 서울, 베이징, 평양 세 곳 중 어느 한 곳에서 만나야 한다면 어디가 가장 편할까? 베이징이 가장 낫다. 북측 인사들은 (평양) 도처에 포진한 감시자들 눈치 안 봐서 좋고, 남측은 (서울) 반북 시위대가 없어서 좋다. 급하면 평양으로 팩스를 보내거나 국제전화를 할 수도 있다.[127]

하나 더, 개성과 금강산이 협상 테이블 역할을 얼마나 했는지 계산해 보았다. 남북 만남의 시작을 1990년대 전후라고 상정하면 약 30년의 역사이다. 개성공단과 금강산 관광이 차지하는 시기는 각각 10년 전후이다. 단순하게 계산하면 그 기간을 빼고도 약 20년의 세월이 남는다. 그때도 남북의 사람은 만나왔다.

---

127) 오기현, 2019, 『북한사람과 거래하는 법』, 한겨레출판, 122쪽.

30여 년 동안 남북의 사람들에게 가장 편한 공간이자 실제로 만날 수 있었던 공간은 어디였을까? 또 앞으로 한동안 활용될 공간이 어디인지 눈에 보인다. 중국이다. 앞에서 "예전에도 지금도 그들은 중국에서 만나고 있다"는 말의 또 다른 이유이다.

중국에서는 남북 사람들의 만남만이 전부가 아니다. 2000년대 민간단체가 북으로 보냈던 물건의 경로 가운데 하나는 중국을 통하는 것이었다. 그 방식도 여전히 재현되고 있다. 아래는 1990년대부터 대북 사업으로 단둥을 오가다가 2천년대 초반부터 단둥에 거주하는 이강(필명)이 2019년 봄에 기고한 글이다. 즉 단둥의 눈으로 본 미래의 남북 교류와 만남의 시각이다.

남측에서 적극적으로 휴전선을 통한 민간 교류를 확대하려 한다 해도 북측이 남측에서 원하는 만큼 호응을 해오리라는 보장이 별로 없어 보입니다. 단둥에 있는 북측 소식통에 의하면 북측은 특히 경제적인 면에서 한국과 대비해 어느 정도의 자신감을 가지는 시점 전까지는 이러한 휴전선을 통한 교류 확대는 불가능한 일이 될 것이라고 단언합니다. 이런 경우 당연하게도 단둥이 남과 북이 서로의 소통과 교통을 위해 만나게 되는 연결 지점이 될 것입니다.[128]

2019년 전후만 그런 것이 아니다. 망각되는 20여 년의 남북 교류의

---

128) 《오피니언뉴스》 2019년 4월 13일자, "서울서 물건 부치면, 모레 평양 도착한다"

역사를 들여다보아도 마찬가지다. 누가 보아도 개성과 서울을 연결하는 육로를 통해서 사람이 만나고 협상하고 물류가 움직이는 것이 가장 이상적이다. 휴전선을 통한 민간 차원의 교류 및 전면적 교류 확대는 궁극적으로 가야 할 길이다. 하지만 그 길의 종착점까지는 꽤 먼 길인 것도 사실이다.

> 4·27 판문점 선언 이후 1천여 건에 이르는 남북 민간자주 교류 사업 제안서가 전달되었지만 "남북노동자 통일축구대회"와 "새해맞이 금강산 상봉모임" 외에는 이렇다 할 민간자주 교류는 성사되지 못했습니다.[129]

이와 같은 역사와 현재를 고려할 때 단둥에서 만남은 지속될 것이다. 지난 30여 년의 양상을 참고해서 앞으로의 만남을 상상해본다. 남북 관계의 상황에 영향을 받지만 그래도 정해진 공간과 시간에 구애받지 않고 남북의 사람이 만나오고 있는 단둥이다. 한편 2018년 전후 이런 만남의 방식에 달라진 것이 있을까? 단둥에 살면서 네 집단의 일상을 신문에 연재하고 있는 이강(필명)은 앞의 글 외에도 단둥의 현황을 묘사하고 있다.

> 단둥에 있는 주문자와 북한 공장과의 소통은 주로 중국~북한 간의 국제전화와 팩스 그리고 요즘에는(2019년) 위쳇도 이용합니다. [...] 서로(북

---

129) 《노동과 세계》 2019년 4월 17일자, "[기고] 자주통일 새 시대, 투쟁 없이 오지 않는다"

측 공장의 직원) 면식이 없는 상태에서도 단둥에 있는 북측 주재원이나 기관을 통해 소개를 받고 일을 진행하는 일이 빈번합니다.[130]

마디마디 과거 단둥으로 한국의 대북 사업가들이 갔던 이유와 현재 변화상이 담겨 있다. 개성공단과 금강산을 제외하고는 남북 교류와 만남에서 활발히 사용하지 못했던 통신 수단이 단둥에서는 2000년 대 전후부터 사용할 수 있었음을 알 수 있다.

2019년 전후 서울과 평양 간에도 휴대전화 메신저를 통해서 소통이 가능하지만 누구나 가능한 것은 아니다. 그런데 단둥에서는 한국 사람(예를 들어 위 글 속 주문자)도 남북을 연결하는 그만의 방식이 있다. 그것도 네 집단의 일상이다.

휴전선과 다른 상황이 또 있다. 대북 제재 하에서도 단둥에서는 남북의 소통이 가능하다. 대북 제재가 해제되면 당장 내일 더 활성화될 수 있는 구조가 있다. 그럴 일이 생기면 안 되지만 더욱 대북 제재의 벽이 강화되어도 끊어지지 않고 만날 수 있는 방법을 알고 있는 네 집단의 사람이 있다.

그들의 삶이 그것을 보여준다. 그렇다면 길게는 10여 년 전, 짧게는 2018년 이후와 비교해서 단둥의 남북 만남 방식에서 변한 것은 없는 걸까? 2019년 봄 나는 60대 후반의 대북 사업가 P에게 물었다. 그는 단둥에 15년 넘게 거주하고 있다.

---

130) 《오피니언뉴스》 2019년 4월 20일자, "남과 북이 일과 일상으로 만나는 단둥(단동)"

단둥은 변한 것이 없어요. 신의주가 변했지요. 몇 년 전하고 비교를 할 수 없을 정도로 건물들이 세워지고 있지요. 그 외에 단둥에서 남북의 사람이 만나는 방식은 예전이나 지금이나 바뀐 것은 없습니다. 단지 2010년 이전에는 자유롭게 만나다가 2010년 이후에는 조심스럽게 만나왔고 2018년 이후에는 그래도 딜 조심하면서 만남이 활성화되고 있습니다.

휴전선을 통한 만남은 통일부에 사전 신고를 해야 한다. 단둥에서 남북 만남은 사후 신고를 해도 된다. 하나는 무조건 사전 신고를 해야지 만날 수 있다. 다른 하나는 사전 신고를 하지 않아도 일단 만날 수 있다. 몇 개만 비교해보아도 남북의 사람이 만나는 접촉면이 더 넓은 것은 단둥이다. 한국의 대북 사업가들은 여전히 단둥에서 생활하고 있다.

여기에서 하나 지적한다면, 남북 만남 가운데 중국에서는 주로 베이징(북경)과 선양(심양)에서 가졌다는 기록이 많다는 것이다.[131] 그 이유가 있다. 그와 같은 기록을 남긴 사람은 언론 혹은 민간단체일 때가 많다. 반면에 내가 단둥에서 만나왔던 사람은 주로 한국의 대북 사업가들이었다.

그들은 경제 활동을 했다. 사업 정보와 인맥은 곧 돈이다. 이를 경쟁 업체 사람과 공유할 사람은 많지 않다. 이익이 우선이다. 그렇다고 해서 그들이 쌓아온 남북 만남의 횟수가 적은 것도 아니다.

---

131) 오기현, 2019, 『북한사람과 거래하는 법』, 한겨레출판 참고.

기록을 남길 이유는 없었다. 하지만 그 결과는 한반도(남북) 가정의 옷장과 부엌으로 들어갔다. 남북 교류와 만남의 역사를 들여다보면 그들은 개척자였고, 내가 지켜본 바에 따르면 멈춘 적도 없었다. 망각되고 주목받지 않은 방식과 길이 있다. 한국 사회의 소비자가 모를 뿐이다.

망각되고 주목받지 않은 방식과 길

개성공단 입주 기업 수(125개사) 대 남북경협 기업 수(약 1,200개사)

2018년 이후, 한국방송공사(KBS)의 경우 "남북 교류 협력단이 다시 만들어졌다"[132]고 말하고, 지방자치단체들은 남북 교류를 위해 TF, 포럼, 전담부서, 위원회를 만들고 남북 교류 협력 사업에 구상을 밝히곤 했다.[133] 남북 교류 활성화를 위한 세미나와 대북 투자 설명회도 수시로 개최되고 있다. 그런데 참석자들 사이에서는 "원론적인 내용이다" 또는 "구체성이 부족하다" 같은 말들이 흘러나온다.

그와 관련하여 오기현(한국피디연합회 통일특위위원장)은 "개성공단을 제외하면, 대북투자 혹은 사업 경험자는 매우 제한되어 있다. 현대

132) 《미디어오늘》 2018년 7월 11일자, "JTBC 방북에 KBS·연합뉴스, 정신 바짝 차려야"
133) 《연합뉴스》 2018년 7월 8일자, "화해 무드 타고 지자체마다 남북교류사업 채비 분주"

아산과 평화자동차 외에 경험 있는 우리 나라 전문가와 기업은 드물다"[134]고 배경을 설명한다. 그가 대기업밖에 없다고 한 것은 남북경협의 역사 일부만 알기 때문이다. 드물지 않았음에도 그렇게 말한 데에는 그만한 배경이 작용했다. 남북경협은 통계에서 숫자 분석이 주를 이루기 때문이다.

남북경협 시작 첫 해였던 1989년 남북 교역 규모가 1,800만 달러였으며 2005년 처음으로 10억 달러를 돌파하였다. 혹은 2007년도 남북교역을 분석하면, 상업적 거래는 14억 3,000만 달러로 전년도 9억 3,000만 달러 대비 54퍼센트 증가하였으며, 비상업적 거래는 3억 6,000만 달러로 4억 2,000만 달러 대비 13퍼센트 감소하였다.[135]

위와 같은 서술에서 나는 남북경협의 규모나 변화보다 그런 경제 활동을 누가 어디서 어떻게 했는지 찾으며 읽는다. 그런데 그런 내용 혹은 문장을 찾기는 어렵다. 통일부 통계에 의하면, 개성공단은 2015년 기준으로 125개 기업체와 5억 달러 이상의 생산액을 돌파했다. 금강산 관광(1998년~2008년)은 약 200만 명이 찾았다.

그 둘에는 공통점이 있다. 지난 세월 남북경협에서 독보적인 존재로 자리 잡았다는 사실이다. 거기에 머물지 않고 "우리가 상상하는

---

134) 오기현 2019, 『북한사람과 거래하는 법』, 한겨레출판, 202쪽.

135) 이봉조, 2010, 「남북경협을 통한 한반도 경쟁력 확충방안」, 『다시 한반도의 길을 묻다』, 삼인, 288-289쪽.

모든 것, 그리고 상상하지 못했던 것들을 보게 될 것"[136]이라고 김진향(개성공단지구지원재단 이사장)은 개성공단과 관련한 앞으로 남북 경제협력을 전망한다. 다른 연구자도 아래와 같이 "유일하게"라는 단어로 개성공단만의 의미를 부여하곤 한다.

개성공단은 5·24 조치에도 불구하고 남북경제협력에서 유일하게 지속된 사업이기도 하다.[137]

개성공단과 금강산 관광은 공통점이 더 있다. 둘 다 휴전선을 넘나들기 하면서 이루어진 남북경협이었으나 2019년 현재 남북 관계의 단절을 상징하고 있다. 재개해야 한다는 목소리가 높다.

그렇다면 남북경협은 둘뿐인가? 결론부터 말하면 경제 활동은 휴전선을 통해서만 이루어지지 않았다. 그 점을 알 수 있는 단초가 있다. 2010년 5·24 조치 이후 개성공단을 제외한 남북경협 중단으로 피해를 입은 기업의 상황을 간혹 언론이 보도한다.

남북경협 기업은 약 1,200개가 있습니다. 내륙(북한)에 투자한 경협 사업자로 분류되어 있는 기업이 49개 기업이 있고요. 금강산 관련 49개사, 일반 교역 801개사, 임가공 교역 기업이 247개사 그리고 개성공단에 있지만 개성공단 기업으로 분류되지 않은 개성공단 내 부동산 관련 투자기업,

---

136) 《경향신문》 2018년 5월 6일자, "남북경협, 상상 그 이상을 보게 될 것"
137) 김병연, 2015, 「개성공단의 경제적 효과」, 『개성공단』, 진인진, 181쪽.

상업 부지 관련 기업 및 기타 서비스 업체가 약 80개사가 있습니다.[138]

숫자를 계산해보았다. 개성공단은 2015년 당시 125개 업체로 이루어졌었다. 그런데 남북경협 기업은 약 1,200개이다. 위 글에서 범위를 좁혀 산출하면 개성공단과 금강산 관광 관련 업체를 제외해도 약 1,000개이다. 이처럼 기업 숫자만 차이가 나는 것이 아니다.

개성공단은 2004년 12월 첫 제품을 생산했다. 반면에 최초의 남북 교역은 1988년 11월이다. 1992년부터는 남북 위탁가공 교역도 시작했다. 2010년 이후 상황을 논외로 하더라도, 둘 사이에는 역사의 깊이도 다르다. 아래 내용은 약 1,000개 업체가 남북 교류에서 담당한 역할이다.

대한민국 생산품을 반출하는 교역도 서서히 진행되어갔다. 남한엔 좋은 물건임에도 소비 트렌드가 지나 판매가 안 되는 제품들이 많이 있었다. 그런 제품들은 창고에 재고로 쌓이게 되는데 그 제품들을 북한에 소개할 기회가 생겼다. [...] 안경, 화장품, 낚시용품, 주방용품, 속옷, 시계 등의 생활용품의 인기는 대단했다. 남한의 생활용품을 반출하고 물물교환의 형태로 북한의 농수산물 해산물, 원자재 등을 반입해 오는 교역이 서서히 논의되기 시작했다.[139]

---

138) 《유코리아뉴스》 2014년 7월 9일자, "남북경협 불씨 살리려 경활(經活) 추진"
139) 《통일경제 창간호》 2017년 2월 13일자, "남북경협 3.0을 준비하는 사람들"

그들은 개성공단처럼 북한에서 물건을 만들기만 한 것이 아니고 한국 물건을 보내기도 했다. 한편 위의 내용에는 임가공 교역 기업 247개가 담당했던 영역은 드러나지 않는다. 나는 궁금하다. 물건이 오고 갔다면 경로가 있고 사람이 만나야 하는 장소가 있어야 한다. 아래 글에서도 만남의 흔적은 있지만 어디서 만났다는 사실은 없다.

> 북한 전역에서 경제 협력을 해 왔던 1세대 기업들은 많은 시간 동안 엄청난 고생과 인내를 요구받았다. 단 한 번 북측의 파트너를 만나기도 어려운 상황에서 수십 차례의 어려운 만남을 통해 합의를 이끌어내고, 또 공들여 계약하고, 함께 사업을 이끌어 나가는 어려운 여건 속에서 북측과 풀면서 다투고 또 다투면서 풀며 서로의 차이를 이해해나갔다.[140]

한국 기업이 북측의 파트너를 만나기 위해 휴전선을 넘나들었을까? 내가 아는 범위 내에서 정주영(고 현대그룹 회장)으로 대표되는 현대 기업 외에 그런 경우는 찾기 힘들다. 약 1,000개 업체가 휴전선을 넘나들었지만 기록되지 않고 공개되지 않은 걸까? 그와 관련해 최소한 내가 답할 수 있는 것은 그 간의 남북경협이 휴전선을 사이에 두고 이루어진 것만은 아니라는 사실이다.

시야를 넓히면 더 많은 것이 드러난다. 다양한 층위와 주체들, 그들이 걸어갔던 길과 남북 만남의 공간을 만난다. 남북이 1990년 전후

---

140) 《통일경제 창간호》 2017년 2월 13일자, "남북경협 3.0을 준비하는 사람들"

부터 어떤 경제 활동 속에서 함께 살아왔는지, 2010년 5·24 조치 이후 남북 교류가 단절되었다는 공식 역사와 달리 비공식 경제를 포함한 경제 행위가 어떻게 이어져왔는지, 개성공단과 금강산 관광에 참여했던 사람들 외에 얼마나 많은 사람들이 남북 교류에서 한 축을 담당했는지를 알 수 있다. 경제 활동을 위해 그들이 택한 방식은 휴전선을 넘는 것만은 아니었다.

남북의 사람들이 한반도 외 제3국에서 어떤 방식으로 단절 없이 만나왔는지 파악할 수 있다. 여기서도 빠진 것이 있다. 약 1,000개의 남북경협 업체는 한국 회사이다. 이 범주에 들어가지 않지만 남북경협에 관련된 업체는 더 있다. 예를 들어 제3국 단둥에서 한국사람(외국사람)이 운영하는 중국 회사가 남북경협과 관련한 경제 행위를 해왔다. 그들까지 고려하면 그보다 더 늘어난다.

"남북경협 하면 전부 개성공단으로 알고 있다. 참으로 잘못된 것이다. [...] 나무만 보고 울창한 숲과 밀림은 보지 못하는 우를 범하고 있는 것이다." 북한 내륙과 금강산 지역에서 남북경협에 종사했던 투자 기업 대표들은 [...] 특히 개성공단에 집중된 정부의 지원 정책을 비판하고 나섰다.[141]

위의 목소리는 2016년 12월에 나온 것이다. 하지만 2018년 전후에도

---

141) 《통일뉴스》 2016년 12월 23일자, "남북경협하면 전부 개성공단으로 알고 있다"

여전히 남북 교류라면 휴전선만을 전제하고 미래를 논하고 준비한다. 남북경협을 이야기하면 사람들은 내게 통계가 있는지 묻곤 한다. 그럴 때마다, "검사는 대충, 서류는 조작 [...] 세월호 이후 화물 과적 여전"[142]이라는 기사 내용이 떠오른다. 한국 사회 내에서도 통계, 즉 화물 규모의 정확한 파악은 힘들다. 그런데 한국 사회는 남북 교류를 통계로만 파악하려는 경향이 있다. 그 점을 떠올리며, 아래 두 내용을 정리해 보았다. 전자는 기사이고 후자는 단둥에서 공장을 운영하는 조선족 C의 이야기다.

5·24 조치 이후 북한산 물품 위장 반입으로 처벌된 건수는 총 16건이며, 액수로는 113억 원이다. [...] 그러나 2013년 이후 적발된 29건에 대해서는 처벌이 이뤄지지 않았다. 적발된 위장 반입 물품의 규모가 작아 처벌을 면한 사례도 있지만, 상당수는 제3국 원산지 증명 서류를 갖추고 있어 처벌하지 못한 것으로 알려졌다.[143]

(2017년) 나의 주 거래처 두 곳은 한국과 미국 기업이다. 한국 기업 사장은 한국사람이다. 미국 기업의 사장은 미국 국적의 한국사람이다. 그들은 내 공장에 북한 해외노동자가 약 200명이 있고 평양에 주 생산 공장이 더 있다는 걸 알고 있다. 5·24 조치 이후에도 그들은 나와 거래를 하고 있다. 그들이 주문하고 내 공장에서 만든 의류들이 한국과 미국 그리

---

142) 《SBS 8시뉴스》 2018년 4월 14일자, "검사는 대충, 서류는 조작"
143) 《아시아경제》 2016년 4월 3일자, "제3국 우회 위장 반입 北물품 여전"

고 다른 나라로 판매되고 있다. 내가 보기에 하나는 알고 둘은 모르는
5·24 조치이다.

전자의 경우는 남북 교류 통계에 잡히지 않는 방식이 있을 수 있음
을 드러낸다. 5·24 조치 이전에도 남북경협 기업들이 이용한 "중국
등을 우회해 국내 반입된 북한산 물품"의 경로를 알 수 있다. 후자의
경우에는 5·24 조치 이후 공식적인 남북 교류가 중단되었다고 하지
만 단둥에서 한국의 대북 사업가 혹은 재미동포가 주문한 옷을 북
한 해외노동자들이 만들고 합법적인 중국 제품으로 한국에 들어왔음
을 드러낸다. 위의 인용은 옷만 언급했을 뿐이다. 농수산물도 있다.

중국 자본과 북한 노동자의 조합이라는 단둥의 눈으로 바라보면
약 1,000개가 넘는 남북경협 기업이 담당했던 남북 교류의 방식과
구조가 보인다. 단둥에서는 5·24 조치 이후에도 단절되지 않은 비공
식·공식, 비합법·합법 경제활동과 편법인 구조와 문화가 얽히고설키
며 굴러갔음을 알 수 있다. 단둥에만 그런 방식이 있는 것은 아니다.
중국의 타 도시에도 북한 노동자가 있다. 러시아에도 있다.

2010년 5·24 조치 이전에도 단둥은 남북 교류의 한 축이었다. 당
시 약 1,000개의 업체가 남북경협을 할 때에 휴전선을 거치지 않았
다. 이는 한국 정부가 규정한 합법적인 방식이었다. 단둥에서 남북
교류 역사는 1992년 한·중 수교 전후부터 시작했다. 본격화한 것은
1998년이다.

남북 관계의 부침과 무관하게 대북 사업가는 한반도 밖에서도 남

북경협을 할 수 있음을 알고 있었고 실천했다. 아니 실질적으로 휴전선은 그들에게 경제 활동 기회를 거의 제공하지 못했다. 남북의 사람들이 직간접적으로 사전에 만나야 하는데 한반도 내에서 가능한 방법은 거의 없었다.

그런 상황에서 그들이 남북 교류를 목적으로 사전 협의 공간으로 활용한 곳 가운데 주요 무대는 단둥이다. 그러나 단둥이 가지지 못한 역할이 개성공단에 하나 있다. 김진향(개성공업지구지원재단 이사장)이 언급하는 "군사적 긴장 해소"이다.

> 개성공단은 남북의 군사력 밀집 지대와 비무장지대, 군사분계선을 남측 사람과 차량이 매일 왕래하면서 존재 그 자체로 남북의 정치·군사적 긴장과 위기를 완화·완충하는 순기능을 하는 곳이었다.[144]

그런 역할을 담당했던 개성공단은 한국 사회에서 휴전선을 넘나드는 출생 배경과 함께 남북 평화와 경제 협력의 상징으로 자리 잡았다. 늘 주목을 받아왔다. 반면에 개성공단과 비교해도 경제적 효과가 남부럽지 않은 단둥은 간과되어왔다. 단둥도 개성공단이 걸어온 길에 못지않음을 보여주는 내용이 있다.

1997년의 남북 간 위탁가공 교역 실적은 반입액 기준 4,157만 달러였는

---

144) 김진향, 2018, 「개성공단」, 『황해문화』, 새얼문화재단, 208쪽.

데, 총 65개 회사가 참여하였다. [...] 5·24 조치 전해인 2009년에 최대 1억 5,500만 달러어치의 수산물(오징어, 조개류, 새우, 게, 명태 등)이 북한에서 남한으로 반입되었는데 이는 개성공단의 북한 노동자 연간임금 총액 9,000만 달러를 훨씬 넘는 수준이었다.[145]

이처럼 1997년에도 남북 교역이 있었다. 2004년 12월 개성공단에서 첫 제품을 출하한 데서 7년 이상 거슬러 올라간다. 2009년은 개성공단이 한창이었던 때다. 개성공단에서 작은 통일을 이루던 그 시절, 한국의 밥상에는 북한사람의 손으로 잡은 수산물이 자연스럽게 합법적으로 올라왔다.

2019년 5월 13일에 방영된 《MBC 스페셜, 유행음식, 우리가 열광했던 그때 그 맛》 편에서 2010년 초반 유행한 조개구이집이 사라진 이유를 인터뷰했다. 내용을 요약하면 5·24 조치 이후 북한산 조개의 수입 금지로 단가가 상승한 것이 원인이라는 것이었다.

실제로 그 당시 단둥에서는 한국으로 들어가는 바지락 가격이 4배 이상 뛰었다는 것을 정설로 받아들였다. 네 집단의 경제 활동이 한국의 밥상과 연결되어 있었기에 조개구이집이 사라진 이유를 그들은 알고 있었다. 그렇다고 해서 그 이후에 북한사람이 잡고 기른 농수산물이 한국 사회에 수입이 안 된 것은 아니다. 다만 가격이 올랐고 북한산으로 부르지 않을 뿐이었다. 그런 상황은 2019년 현재도 이어지

---

145) 이찬우, 2019, 『북한경제와 협동하자』, 시대의 창, 56-63쪽.

고 있다.

　앞으로 대북 제재와 5·24 조치가 해제되면 한국 사회에 다시 펼쳐질 장면은 다양하다. 개성공단에서 생산한 제품만 구입할 수 있게 되는 것이 아니다. 평양 혹은 신의주와 연결된 한국 기업가의 경제 활동의 결과로 한국의 밥상 물가, 제품의 가격이 변하는 상황도 함께 다가올 것이다.

삼국의 도시(서울과 인천~단동~신의주와 평양)를 이어주는 황해

2019년 전후, 남북경협의 전망이 쏟아져 나왔다. 북한 지역의 대형 인프라 개발 계획이 주류를 이루었다. TV 시사 프로그램과 신문지면 등에서는 남북경협 주(株)라는 이름으로 건설과 물류 회사들의 주가가 상승하고 있다고 언급했다.[146] 인터넷으로 기사를 검색하면 "통일 대비 300조 한반도 뉴딜 열릴까"[147]와 같은 남북 경제 교류 전망이 봇물을 이루었다. 제목만 나열해도 끝이 없다. 그러한 논의에는 언제나 전제 조건이 붙는다. 휴전선을 사이에 두고 끊어진 길의 연결이다.

　소떼가 꾹꾹 눌러놓았던 그 길을 따라 10여 년 동안 부지런히 오가면서 길이 만들어졌다. 그러나 소떼 방북으로부터 19년의 세월이 흐른 2017년

---

146) 《이데일리》 2018년 4월 25일자, "탄력 받는 CJ대한통운 북방물류"
147) 《경향신문》 2018년 5월 5일자, "통일 대비 300조 한반도 뉴딜 열릴까"

d

현재 휴전선과 판문점은 다시 누구도 오고 가지 못하는 적막한 공간으로, 서로를 향해 총구를 겨누는 살벌한 대결의 현장으로 바뀌었다. 금강산의 발길도 끊겼고, 개성공단의 철도와 도로도 끊겼다.[148]

그렇게 시간이 흐르다가 2018년 이후 한반도 신경제 지도가 구상하는 환서해·환동해·접경지역 벨트 가운데, 철도 연결의 관심이 뜨거워졌다. 기사에서는 "3년간 2조 원을 투입하면 북한을 관통하는 고속철도를 가설할 수 있다는 주장이 나왔다. 서울에서 중국 접경인 신의주까지 2시간 30분 만에 주파하는 고속철도가 놓이면 물류비용 절감으로 인한 경제 활성화 효과도 기대할 수 있을 것으로 보인다"고[149] 보도했다. 이쯤에서 나는 "과거와 현재 그리고 미래에 남북을 연결하는 것은 도로와 철도뿐인가?"라는 생각을 했다. 항구와 배도 있는데 말이다.

인천항은 지난 2002년부터 2011년까지 북한 남포를 잇는 정기 화물선이 운항했던 남북한 바닷길 관문 역할을 수행했다. 남북교역의 상징과도 같았던 인천~남포 4,500톤급 정기 화물선 트레이드포춘호는 주 1회 운항했다.[150]

---

148) 정영철, 2017, 『평화의 시선으로 분단을 보다』, 유니스토리, 128쪽.
149) 《한국일보》 2018년 4월 30일자, "2조원 투자하면 북한 관통 고속열차 가능"
150) 《경기신문》 2018년 4월 30일자, "과거 남북교역 인천~남포 항로 재개 기대"

이처럼 인천은 남북을 연결하는 항로였다. 유념해야 할 것은 남북 교류에서 인천의 역할은 지난 역사가 아니라는 점이다. 20년 넘게 남북을 연결해온 인천이자 황해다. 인천에는 하나의 항로만 있지 않았다. 다음은 그 점을 증명하기에 충분하다.

1988~90년의 기간은 직접 교역이 아닌 홍콩, 싱가포르, 일본 등 제3국을 통한 간접 교역 형태로 이루어졌다. [...] (남북)교역 업체의 경우 1989년 30개 업체에서 2000년에 652개 업체로 증가하였으며 품목은 1989년의 26개에서 2000년에는 647개로 증가하였다. 이 가운데 위탁가공의 경우, 1992년 4개 업체에서 2000년에는 151개 업체로 증가했다. [...] 남북한 간 물자 수송은 해상으로 이루어지고 있다. 남북 교역의 대부분을 담당하고 있는 인천~남포 항로(2001년까지는 비정기선)가 있고 일부 위탁가공 교역 업체는 납기일을 맞추기 위해 물류비가 증가하더라도 신의주~단둥~인천 항로를 이용하기도 하는 것으로 알려지고 있다.[151]

(중국) 단둥은 항구를 통해서 한국의 해항도시 인천과 주 3회 왕복으로 이어주는 정기노선(단둥페리)이 있을 뿐만 아니라, 2015년 12월에 완공한 다롄(대련)과 단둥 간 고속철도를 이용하면 약 2시간 이내에 중국의 해항도시인 다롄공항에 도착한다. 이곳에서 한국의 인천공항까지는 비행기로 약 1시간 거리이다. 이런 연결 방식은 단둥~선양(심양)공항~인천공항

---

151) 조동호 외, 2001, 『남북경협 추진전략 및 부분별 주요 과제』, 한국개발연구원, 33-188쪽.

도 있다.[152]

위의 물류 노선 가운데 황해를 가로지르는 인천~단둥 정기노선은 1998년 취항했다. 1998년은 연길에서 단둥으로 북·중 무역의 중심축이 이동한 시기이기도 하다. 거기에는 인천~단둥 노선이 중요한 영향을 미쳤다.[153] 2002년~2011년까지 남북을 연결했던 인천~남포와 다르게 인천~단둥은 물류가 연결된 이후 단절된 적이 없다. 그와 같이 단둥과 인천에는 남북, 한반도의 양쪽을 연결하는 물류 구조가 있다. 그것도 20여 년 전이다.

위의 연구자가 표현한 "납기일을 맞추기 위해 물류비가 증가하더라도 신의주~단둥~인천 항로를 이용하기도 하는 것"같은 차선책이 아니었다. 오히려 비싼 물류비(인천~천진 항로의 3배 수준), 실제 왕복에 걸리는 시간(10~12일 소요), 늘 주 1회가 아니었던 인천~남포 노선의 단점을 보완할 수 있었기 때문에 한국의 남북경협 기업이 애용해 왔던 경로다. 기록과 현장이 엇박자를 이룬다.

2018년 5월 그 배, 단둥페리를 이용한 승객은 200만 명이 넘었다.[154] 그 배는 여행객 혹은 한·중 사이에서 경제 활동을 하는 사람만 이용하지 않았다. 남북을 오고 가는 물류의 한복판에 있었다. 단

152) 강주원, 2018, 「삼국이 만나고 연결되는 단둥」, 『단둥, 단절과 이음의 해항도시』, 선인, 385쪽

153) 강주원, 2012, 「중조 국경 도시 단둥에 대한 민족지적 연구: 북한사람, 북한화교, 조선족, 한국사람의 관계맺음을 통해서」, 서울대학교 인류학과 박사논문 참고.

154) 《국토경제신문》 2018년 6월 22일자, "인천항만공사, 단둥페리 취항 20주년 기념식"

인천항, 단둥페리(2004년 7월)

단둥항, 북한 배(2011년 7월)

둥페리에 실은 물건은 인천(서울)~단둥~신의주(평양)의 궤적을 따라 옮겨갔다.

오후 5시에 인천항을 출발한 배는 다음날 오전 9시에 단둥항에 도착한다. 실었던 물건은 단둥 세관을 거쳐 압록강의 중조우의교, 즉 중·조 국경을 넘으면 바로 신의주에서 북한사람이 받았다. 요약하자면 인천에서 보낸 물건이 다음날이면 북한 지역에 도착하는 경로가 20년째 현재진행형으로 유지되고 있다. 반대도 마찬가지다. 북한의 평양과 신의주 등에서 출발한 물건 역시 단둥항에서 인천항으로 향한다.

다시 말하지만 그 항로에는 20여 년의 남북 교류가 단절 없이 녹아 있다. 그것이 내가 남북 교류에서 황해를 주목해온 이유이다. 단둥에는 한국과 연결되는 배만 있는 것이 아니다. 항공편을 이용하면 서울에서 오늘 보낸 한국 물건이 모레면 평양에서 받을 수 있다. 신의주는 하루면 넉넉하다. 점심때면 압록강을 넘는다.

수많은 개인이 참가했던 남북 교류의 경제 활동과 규모다. 1992년 한·중 수교 전후부터 단둥에서 네 집단(북한사람, 북한화교, 조선족, 한국사람)이 한국어를 공유하고 있다. 2천년대 전후부터는 경제 인구 약 만 명 이상인 네 집단이 남북을 연결하는 무역 활동을 하고 있다.[155] 규모는 작지만 끝없이 이어진다는 의미로, 단둥에서는 그들의 이동을 "개미떼 이사"라고 한다. 그 규모는 2010년 이후 한국사람만 빼고

---

155) 강주원, 2013, 『나는 오늘도 국경을 만들고 허문다』, 글항아리 참고

모두 늘어나고 있다.[156]

예를 더 들어보면 2천년대 중후반 몇 년 동안 단둥의 한국사람 K는 평양의 노동자들이 만든 등산복을 한국의 의류 기업에 납품했다. 2008년에 그가 만든 의류가 약 80만 벌이었다. 한국 홈쇼핑에서 주로 판매했다. 그때 그가 선택한 항로는 남포항이 아닌 단둥항이었다. 그는 "홈쇼핑 의류는 빠른 납기가 중요하기 때문에 운송이 빠른 단둥항을 백 번 이용했다면 운송 기간이 상대적으로 긴 남포항은 두세 번에 그쳤다"고 기억한다.

그와 같이 인천에는 남북을 연결하는 과거형과 미래형이 아니라 현재진행형이 존재한다. 인천과 단둥을 잇는 황해가 남북 교류에서 맡았던 역할과 비중 그리고 역사는 휴전선과 개성공단에 버금간다. 다만 한국 언론이 주목하지 않았고 한국 연구자가 구체적으로 기록하지 않았을 뿐이다. 한국 사회는 앞에서 언급한 남북경협 기업 약 1,000개와 그들이 걸었던 길을 망각하고 있다. 미래를 담은 한반도 신경제 지도가 구상하는 환서해·환동해·접경지역 벨트에서도 보이지 않는다.

---

156) 강주원, 2016, 『압록강은 다르게 흐른다』, 눌민 참고

압록강(두만강)에서 한국 사회와 마주치다

중·조 국경은 변하지 않았다

TV 화면에서 총을 든 군인과 함께 곧잘 등장하는 철조망은 휴전선 약 2킬로미터 후방의 남방한계선을 따른 경계다. 휴전선의 1,292개 표식을 나는 본 적이 없다. 그러니까 판문점 이외 휴전선 근처를 가 보지 못했다. 아래 인용은 동해안 최북단, 금강산 가는 길목의 박물관 팸플릿 내용이다. 한국의 국경 지역 박물관에 갈 때 거쳐야 하는 과정을 설명한다.

박물관은 민간인 출입 통제선 북측에 위치하여, 통일전망대 출입 신고 서에서 출입 신고와 안보 교육(8분) 이수 및 통일전망대 요금 납부 후 군 검문소를 통해 출입하여야 한다.

1980년대에 초등학교를 다닌 나에게 DMZ 혹은 판문점에 갈 때마다 경험하는 위의 출입 및 관람 절차는 낯설지도 이상하지도 않다. 그래서 그런지 중·조 국경 지역에서 만나는 검문도 대수롭지 않게 느끼곤 했다. 중국에는 랴오닝성(요녕성)에서 지린성(길림성)으로 넘어갈 때 검문소가 있다.

2019년 현재 두만강과 압록강에 몇 군데 검문소가 있다. 특히 압록강 지역에서는 매번 검문하지 않는다. 낮에도 그냥 지나갈 때가 있고 경비를 서지 않을 때는 무심히 통과한다. 그런데 2019년 4월 어느 날 학회에서 만난 한국의 통일연구기관에 속한 연구자가 내게 진지하게 물어보았다.

(2019년 봄) 며칠 전 저희 소속 연구자들이 두만강과 압록강을 갔다 왔습니다. 예전에 없던 검문을 심하게 당했다고 말하면서, 북·중 관계에 어떤 변화가 있는 것 같다고 말합니다. 악화와 단절로 가는 것이 아닐까요? 어떻게 생각하세요?

검문과 중·조 관계를 연결하는 질문에 어떤 대답을 해야 할지 난처했다. 그 자리를 벗어나서도 그 질문이 지워지지 않고 남았다. 한국에서는 휴전선에서 사전 신고와 검문을 당연하게 여긴다. 반면에 중·조 국경인 두만강과 압록강은 신고 없이 다니다가, 아니 사전 신고 자체가 없는 그 국경에서 어쩌다 경험한 검문에 대해서는 왜 그렇게 큰 질문(북·중 관계)을 하는지 모르겠다고 생각했다.

북한 주민에게 비무장지대(DMZ)가 적절한 국경이라면 북쪽 국경은 그보다 경제적 구획에 가깝다. DMZ에는 수백 마일에 걸쳐 철조망과 장벽, 지뢰가 설치돼 있어 남북한 사람이 서로 반대편으로 넘어갈 수 없다. 하지만 중국·북한(중·조) 국경을 넘나드는 것은(공식적으로 허가받은 것이든 다른 것이든) 흔한 일이다.[157]

위 인용문에서 말하는 바와 같이 중·조 국경은 휴전선과 성격이 다르다. 중·조 국경에도 철조망을 친 지역이 있다. 남북 사이의 그것과는 다르다. 단지 여기까지가 중국 땅이라는 의미의 울타리 같은 것이다. 하지만 한국 사회는 중·조 국경을 단절 혹은 가로막기 기능으로 바라보는 경향이 강하다. 나아가 두만강과 압록강이 한반도를 연결하는 역할을 맡는 상황을 인식하지 못하는 우를 범한다.

2000년 여름 나는 한 달 가까이 두만강 물줄기에서 몇 미터 벗어나지 않은 집에 머물며, 한가로이 강변을 따라 걷곤 했다. 첫 현지 조사라는 긴장감은 있었지만 국경 지역이라는 두려움은 느끼지 않았다. 2018년 4월에는 두만강을 바라보며 나 자신에게 "지난 약 18년 동안 중·조 국경의 한 축인 두만강 문화 가운데 변한 것은 무엇이고 변하지 않은 것은 또 무엇인가?"라고 질문했다.

간단히 답할 문제는 아니었다. 일단 눈에 들어오는 변화로는, 2006년 전후부터 두만강변을 따라 철조망을 세운 지역이 늘었다는 사실을

---

157) Tudor, Daniel and Pearson, James(전병근 역), 2017, 『조선자본주의 공화국』, 한길사, 36쪽.

철조망이 없던 투먼(2004년 7월)

철조망이 있는 투먼(2018년 4월)

꼽을 수 있었다. 그렇다고 해서 두만강에 기대어 살아가는 북한사람이나 중국사람의 삶이 크게 변한 것은 없었다. 대북 제재에서 한국 사회가 중국의 역할을 요구할 때 그들은 아래와 같이 지내고 있었다.

2015년 한여름 두만강변에 위치한 어느 마을의 촌장에게 철조망이 어떤 의미인지를 묻자 그는 "철조망이 개나 소가 강 건너 북한으로 넘어가는 것을 방지하는 것 이외에 우리의 삶이 달라진 것은 없습니다. 저와 함께 가시면 마을 사람들이 자유롭게 철조망을 통과할 수 있는 문들이 곳곳에 있습니다. 우리는 이 문을 통해서 두만강을 이용하고 저쪽 사람들하고 소통합니다"라고 대답한다.[158]

범위를 넓히면 변한 것이 있다. 하지만 그곳에 살고 있는 사람들에게는 해당하지 않는다. 2014년 나는 중국 지인들과 함께 여러 지역의 두만강변에서 북한을 바라보았다. 검문은 두 번 있었지만 2015년에는 두만강 전체를 일주했다.

그런데 2016년 전후부터 두만강에 갈 수 없다는 이야기가 들렸다. 한국에서 기획한 단체 여행(답사) 일정에서 두만강 코스가 줄어들기 시작했다. 그 사실을 두고 한국 사회에서는 "중·조 국경의 경계 강화로 그곳에 갈 수 없다"고 알려졌다. 하지만 이는 주어가 빠진 해석임을 이종석(전 통일부 장관)은 지적한다.

---

158) 강주원, 2017, 「국경도시 중국 단둥의 중첩되는 경계」, 『'나'를 증명하기』, 한울, 204-305쪽.

북·중(중·조) 국경 일대가 개방을 넘어서 관광지로 개발되고 있는 상황에서 최근 국경 일부 구간에서 한국인 관광객의 출입이 오히려 어려워졌다. 중국 국경 수비대의 외국 관광객에 대한 검색과 통제가 과거보다 심해진 것이다. 이는 중국 정부가 국경에서 북한을 들여다보는 한국인들에 대한 북한의 불만을 고려한 조치일 수도 있고, 탈북자와 일부 한국인들의 연관성에 대한 의심의 결과일 수도 있다. 혹은 일부 한국 언론이 유엔 대북 제재 아래서 진행되는 북·중 경협 현장을 파헤쳐 부정적인 보도를 하는 것에 대한 예방적 조치일 수도 있다.[159]

위의 글에서 중국 국경과 관련해 "한국"이라는 단어가 계속 표현되고 있다. 그렇다. 중·조 국경의 변화를 경험하는 주체, 주어는 북한사람도 중국사람도 아니다. 한국사람이다. 두만강 지역은 한국사람만이 접근하기 힘든 공간으로 변해갔다. 이를 두고 한국 사회가 중·조 국경의 성격을 단절의 공간, 북·중 관계 악화로 말한다면 다른 의견이 아니라 틀린 해석이다.

2018년 두만강의 삶에서 2000년과 변한 것을 발견하기 힘들었다. 다만 예전에는 갈 수 있었던 지역을 검문검색 때문에 갈 수 없었다. 이유는 나의 여권이 증명하는 한국사람이라는 정체성 때문이었다. 다른 이유는 없었다. 그나마 다행이라고 해야 할지 모르겠다. 압록강은 여전히 나의 발길을 허락한다.

---

159) 이종석, 2017, 『북한-중국 국경: 역사와 현장』, 세종연구소, 200쪽.

물론 한두 명의 한국사람이 중국사람과 함께 무리를 지어 두만강 변에 갔다는 경험담은 여전히 들을 수 있다. 2018년 4월 현지 지인에게서 한국사람이 잘 가지 않고, 주변 고속도로 개통 때문에 이용도 줄어든 강변도로를 안내받았다. 덕분에 나는 두만강 하류 일부분을 차로 1시간 넘게 달릴 수 있었다.

다만 중간 도착지인 중·조 국경 지역에서 검문검색에 막혀 두만강 중상류 쪽으로는 갈 수 없었다. 차가 멈춘 그곳은 두만강 지역에서 한국사람이 가장 많이 방문한다는 투먼(도문) 관광지이다. 그곳에서 한국사람인 나와 일행은 변함없이 뗏목 유람선을 탔다. 하지만 선착장 주변에는 예전에 없던 철조망이 있었다.

그런 모순된 장면, 즉 유람선과 철조망 중 나는 어디에다 방점을 두고 해석해야 할지 알 수 없었다. 여행객을 태운 배가 떠다니는 두만강이었다. 철조망이 있는 두만강이었다. 한국 사회는 어디에 더 관심을 갖는지 그 또한 생각해보았다.

1년이 지난 2019년 7월 그 지역을 다시 찾았다. 선착장 주변의 철조망을 철거하고 있었다. 한여름, 선착장에서 두만강 너머 북한의 남양을 바라보고자 방문한 한국의 청년들에게 철조망은 시야에 들어오지 않았다. 그들은 10년 또는 20년 전쯤에 내가 보았던 두만강변의 풍경을 눈에 담고 돌아갔다. 하지만 그런 기회가 오래가지는 않을 것 같다. 그 지역 사람은 나에게 "조만간 새로운 이중 철조망 설치가 완공될 것"이라고 말했다.

위 내용을 벗어나 나의 고백을 덧붙이고자 한다. 한국 사회에서 투

윤동주 시인의 묘(2019년 7월)

면(도문)을 포함한 옌지(연길) 지역을 많이 찾는 이유는 두만강 너머로 북한을 바라볼 수 있을 뿐 아니라 윤동주 생가를 방문할 수 있다는 점 때문이다. 나는 2000년부터 그 일대를 혼자 또는 많은 사람들과 함께 돌아다녔다.

그러면서도 그곳에 윤동주 시인의 묘가 있는 줄 몰랐다. 2019년 여름에야 처음 찾아간 죄송한 마음에 담배 한 대를 피워 묘 옆에 놓고 묵념했다. 사람들이 "담배를 피웠을까?"라고 물었다. 나는 "시인이시니까!"라는 말을 하고 돌아섰다.

대북 제재 기간, 신의주에는 스카이라인이 생겼다

아래 글은 2002년과 2015년 기사이다. 각기 다른 언론이 약 13년 시간차를 두고 단둥과 신의주를 비교한 것이다. 세월의 흐름이 무색하게 느껴지는 내용이다. 한국 사회는 압록강을 사이에 둔 두 도시를 자본주의 성공과 사회주의 실패를 상징하는 모델로 대비하는 경향이 있다.

(2002년) 신의주 풍경. [...] 저녁 8시, 압록강 양편의 모습은 더욱 대조적이었다. 단둥 쪽은 광고 간판과 가로등으로 불야성인 반면 신의주는 짙은 어둠에 싸여 있다.[160]

---

160) 《조선일보》 2002년 10월 3일 자, "중 단둥, 북한 자본주의의 창"

(2015년) 단둥은 어둠 속에서도 강변에 따라 지어진 고층빌딩들의 모습이 선명하고, 빌딩과 자동차에서 나오는 불빛도 확인할 수 있다. 반면 전기가 부족한 신의주는 마을 전체가 불빛 하나 없다.[161]

외형적인 차이는 고정관념을 확인하기 좋은 조건이었다. 단둥과 신의주가 쌍둥이 도시로 살아왔다는 것을 모르면 그런 단견으로 바라볼 수 있다. 압록강이 교류의 현장이라는 사실과 다르게 단절의 경계로 바라보았던 한국 사회의 단골 메뉴였다.[162] 그러나 두 도시는 한국 사회가 바라보듯 그렇게 살아오지 않았다.

단절을 요구하는 대북 제재가 여전하던 2016년 전후의 상황이다. 신압록강대교의 중국 출발 기점 근처에 건설한 국문(國門) 빌딩은 분양을 완료했다. 보세 창고에서는 북·중 무역 혹은 삼국 무역과 관련한 물류의 흐름을 파악할 수 있다. 중국 공장에서 일하는 북한 해외 노동자들이 야유회와 운동회를 한다. 2013년 전후부터 그들의 인건비 규모는 개성공단을 웃돈다.[163]

2016년 4월 중조우의교를 날마다 넘나들 수 있는 자격을 지닌 북한과 중국 트럭 약 600대 중 하나를 이용하려면 며칠을 기다려야 한

---

161) 《한국일보》 2015년 11월 13일 자, "초라한 신의주, 화려한 단둥"

162) 강주원, 2012, 「중조 국경 도시 단둥에 대한 민족지적 연구: 북한사람, 북한화교, 조선족, 한국사람의 관계맺음을 통해서」, 서울대학교 인류학과 박사논문 참고.

163) Kim, C. H. and Kang, J. W. 2015, "Reworking the frame: analysis of current discourses on North Korea and a case study of North Korean labour in Dandong, China" Asia Pacific Viewpoint, 56: 392-402쪽 참고.

다. 호시 무역구가 개장하면 공식적으로 1인당 하루 8,000위안까지 세금이 면제된다고 한다. 그와 비슷한 무역 행위는 역사 교과서에서 배웠던 내용이 부활하는 것이 아니다. 미래의 일도 아니다.

단둥 기차역을 통해 오전 10시 평양행 국제열차, 오후 5시 전후 단둥행 국제열차가 압록강의 중조우의교 즉 국경을 넘는다. 2016년에는 6칸으로 운행하는 것을 보았다. 2019년 전후에는 평균 10칸으로 운행한다. 조선족 거리(현재 고려 거리)와 도매상가에서 구입한 물건들은 단둥 세관과 기차역을 통해 중·조 국경을 넘어가는 사람들의 대형 가방 안으로 들어간다. 열차를 이용할 때 공식적으로 허락하는 짐의 무게는 30킬로그램 전후이다.

2006년에는 서울~중국~평양을 연결하는 택배가 가능하다는 가게 선전 문구를 볼 수 있었던 단둥이다. 2016년에도 기차역 근처 택배 영업소는 "철도국제화물쾌속 업무는 이미 전면적으로 개통하였습니다. (단둥~평양) 매일 왕복으로 운행하고 있으며 킬로당 3위안입니다. 휴식일이 없이 정상적으로 영업을 합니다"라는 전광판이 중·조 국경 교류의 단면을 보여주었다. 2019년 전후 단둥의 기차역 주변에는 단둥~평양을 연결하는 영업소들이 하나둘 늘어났다.

2006년 단둥의 20층 높이 건물에서 바라본 신의주는 단층 건물이 대부분이었다. 하지만 2014년 전후부터 신의주의 변화는 눈에 띄었다. 2016년 압록강변에서도 신의주의 약 20층 전후 건물들이 보였다. 어림잡아 10여 동이 넘었다.

이를 놓고 단둥사람은 "신의주의 외형적인 변화는 북한과 중국의

신의주 시가지 변화 모습 1, 2004년 7월

신의주 시가지 변화 모습 2, 2007년 10월

신의주 시가지 변화 모습 3, 2016년 8월

신의주 시가지 변화 모습 4, 2018년 5월

신의주 시가지 변화 모습 5, 2019년 5월

교류가 만들어낸 결과물"이라고 말한다. 이는 "2000년 전후부터 단둥과 신의주 사이에 경제적 격차가 발생하였지만 단둥의 경제 발전은 신의주와의 교류가 있었기 때문에 가능했다"는[164] 그들의 20여 년 전 시각의 연장선상이다.

여기에서 주목할 점은 신의주의 변화가 최근 2~3년 사이에 나타난 것이 아니라는 것이다. 단둥과 신의주는 평지에 세워진 도시다. 그렇기에 압록강변에서 도시 전체를 조망할 수 없다.[165] 한국 사회와 언론은 그런 여건도 간과했다.

지난 2000년 전후부터 신의주의 불변성과 중·조 국경의 단절만을 이야기했다. 그러나 그동안 단둥(한국 포함)과 신의주는 교류를 통해 더디지만 조금씩 변화해왔다. 2019년 압록강의 중국 섬에 위치한 아파트 15층에서 바라본 신의주는 강변뿐만 아니라 시내 곳곳에 고층 건물이 들어섰고 들어서고 있다. 대표적으로 둥근 태양의 외형을 한 살림집(아파트) 3개 동은 외관 공사가 끝나가고 있다.

더 곱씹어볼 것이 있다. 2006년 10월부터 2017년 12월까지만 고려해도 총 10회에 걸친 유엔 안보리 제재와 2010년 5·24 조치 속에서 한국 사회는 살아왔다. 그 기간에 해당하는 지난 10여 년 동안 신의주에는 도시의 스카이라인이 올라가고 있었다. 대북 제재가 10여 년에 멈추지 않고 계속 이어지고 있는 2019년 그 변화는 이제 단둥의

---

164) 강주원, 2012, 「중조 국경 도시 단둥에 대한 민족지적 연구: 북한사람, 북한화교, 조선족, 한국사람의 관계맺음을 통해서」, 서울대학교 인류학과 박사논문 참고.
165) 강주원, 2016, 『압록강은 다르게 흐른다』, 눌민 참고

평지에서도 확인이 가능할 정도이다.

2018년 북한을 다녀 온 사람들은 평양이 변했다고 이구동성 이야기한다. 수도만 그런 것이 아니다. 신의주와 압록강의 북한사람이 살아가는 터전들이 한 해가 다르게 변하고 있다. 이쯤에서 그 변화의 시기가 언제인가 다시 생각했다. 북한 경제에 대한 압박과 단절의 상징인 대북 제재 13년여 동안이다. 그것이 의미하는 바가 무엇인지 고민하는 한국 사회인지 나는 모르겠다. 단둥은 평양과 서울이 연결된 도시다.

북한 사회를 대하는 민낯과 현주소

2010년 전후 북한 붕괴론은 한국 사회의 중심 시각이었다. 장마당 때문에 북한이 금방이라도 또는 몇 년 안에 붕괴한다는 주장이 쏟아져 나왔다. 글과 말로 되풀이되던 그 잘못된 예측을 반성하고 책임지는 전문가와 연구자는 지금 거의 찾아볼 수 없다. 2018년 전후에도 그런 주장은 되풀이되었다.

나는 『압록강은 다르게 흐른다』의 「단둥발 북한 뉴스 이해하기」에서 대표적인 오보를 언급했다. 한국 언론은 최소한의 검증 작업을 생략한 채 중국사람의 상행위를 "북한사람의 밀수 현장"으로 착각하는 것에 머물지 않았다. 이를 "북한 사회의 경제 혹은 김정은 체제의 부정적인 면"으로 해석하곤 했다. 나는 그런 오보가 재생산되고 있는 현실을 지적했다.[166] 역시나라고 할까, 한번 나온 오보는 다시 오보를 낳는다. 아래는 한 예이다.

> 관광 보트로 다가와 약술이나 담배를 판매하는 북한사람도 만날 수 있다. 북한군 초소에서 겨우 100 미터 남짓 떨어진 압록강 한가운데에서 말이다. 소규모 상거래가 공공연히 이루어지고 있음을 알 수 있는 대목이다.[167]

윗글은 KBS 제작팀이 출판한 『명견만리』(인플루엔셜, 2016)의 북한 편인 「장마당 세대와 돈주, 북한 신인류에 주목하라」에서 묘사한 장면과 해석이다. 위에서 이미 언급한 바대로 인용문에 나온 "담배를 판매하는 북한사람"은 중국사람이다. 잘못된 사례와 근거다. 이 책에서는 "시장경제는 이미 북한사람들의 삶"임을 드러내는 예로 활용하고 있다. 유람선 상행위를 두고 똑같은 왜곡이다.

변한 것이 없다. 그 와중에 다행인 것은 오보 생산의 근원 중 하나였던 유람선 코스가 2018년 여름 이후 문을 닫았다. 그 후에 그런 오보는 재생산되지 않았다. 다만 한번 만들어진 오보 영상은 인터넷에서 다시보기가 가능하고 방송에서 자료 화면으로 다시 활용한다.

다음은 2018년 이전, 대북 제재가 여전히 강화되는 상황에서 방송

---

166) 강주원, 2016, 『압록강은 다르게 흐른다』, 눌민, 85-96쪽.
167) KBS 『명견만리』 제작팀, 2016, 『명견만리: 인구, 경제, 북한, 의료 편』, 인플루엔셜, 215-216쪽.

된 내용이다. 취재가 아닌 입수 영상이라고 밝힌 보도다. 북·중 관련 기사의 단골 메뉴인 단둥 세관을 촬영한 영상이었다. 내용의 흐름상 북한 연구자가 촬영한 것으로 보이고 그가 출연하여 해석을 덧붙였다. "팩트 체크" 등을 통해서 신뢰가 높은 《JTBC 뉴스룸》이다.

유엔 안보리 결의에 따라 중국은 지난달 15일부터 북한의 석탄, 철광석 등 수출을 전면 금지하고 있죠. 보름 정도가 지났는데, 지금 북·중(중·조) 접경지역의 모습은 어떨까요. [...] 신의주 관문인 중국 단둥 세관 모습입니다. 예전 같으면 짐을 가득 실은 차량들이 오가는 모습이 분주했는데 오늘(2일) 찍은 주차장 사진엔 차량이 거의 보이지 않습니다.[168]

그 말을 듣자마자 달력을 쳐다보았다. 2017년 9월 2일은 평일이 아니고 토요일이었다. 그것은 팩트이자 사실이다. 단둥 세관은 예전부터 주말에 문을 닫는다. 운영을 하지 않는다. 토요일의 주차장에 차량이 보이지 않는 것은 대북 제재 전에도 그랬고 지금도 마찬가지다.

"2년 연속 신뢰도 및 영향력 1위"[169]를 차지한 《JTBC 뉴스룸》의 보도가 그렇다. 한국 사회는 그런 오보를 시청하면서 대북 제재의 효과를 상상했다. 북한 경제의 어려움을 당연하게 받아들였다.

오보의 진원지로는 역사가 더 오랜 것이 있다. 나의 참여관찰 기준으로 10여 년 넘게 한국 언론이 들여다보는 단골 메뉴는 해외 소재

168) 《JTBC 뉴스룸》 2017년 9월 2일자, "[단독] 대북 제재 강화 북·중 접경지역은"
169) 《한국기자협회》 2018년 8월 15일자, "JTBC 2년 연속 신뢰도·영향력 1위"

평일, 트럭이 가득한 단둥세관(2016년 12월)

토요일, 텅 빈 단둥세관 주차장(2019년 5월)

의 북한 식당이다. 북한 관련 오보의 산실이기도 하다. 2018년 이후에도 즐겨 찾는 소재임에는 변함이 없다. 언론뿐 아니라 연구자의 글에도 대북 제재 혹은 북·중 경제 관계를 설명할 때 북한 식당을 거론한다.

> 단둥(단둥)의 북한 음식점은 모두 문을 닫고 북한 종업원들은 비자 갱신이 되지 않아 귀국하였다고 한다.[170]

여기에서 2019년 전후 문을 닫았다는 북한 식당은 기사에서 실명으로 언급되었다. 고려식당과 류경식당이다. 보도와 달리 그 식당들은 그 자리에 여전히 영업한다. 2019년 5월 24일 나는 두 식당을 거치며 점심과 저녁을 먹었다. 북한 요리와 김치를 먹다가 둘러보았다. 손님 대부분은 중국사람이었다.

그런 오보나 책이 나오던 때는 중국이 적극적으로 대북 제재에 개입하는지 혹은 거기에 효과가 있는지 논하던 2017년 말이다. 그 점을 들여다보기 위한 중요한 척도로 활용된 것이 북한 식당이다. 그러나 2019년 전후에도 한국 사회는 잘못된 정보를 가지고 북한 사회와 대북 제재 그리고 중국의 반응을 연결한다.

한국 언론과 연구자는 대북 제재 때문에 북한 식당이 영업을 중지했다고 보도하고 분석한다. 나는 13년 이상 단둥에 갈 때마다 바로

---

170) 이찬우, 2019, 『북한경제와 협동하자』, 시대의 창, 272쪽.

그 북한식당이 여전히 영업하는 모습을 확인하고 지켜보고 있다. 한국 사회에서 한두 개 식당이 문을 열거나 닫는 것은 큰 문제가 아닐 것이다. 이상하게도 북한 식당은 다르다. 그곳을 북한 사회의 경제 상황을 좌지우지하는 지표로 꾸준히 삼는 한국 사회다.

무엇인가 모양새가 서지 않는다. 한 번쯤은 지난 대북 제재 기간 동안 한국 사회가 어떤 오보 혹은 침소봉대하는 설명과 주장을 폈는지 살펴보고, 거기에서 북한 사회를 잘못 이해하거나 재단하지 않았는지 꼼꼼히 따져보는 시간을 가지는 것이 필요하다고 나는 생각했다. 그런 고민과 상관없이 북한 관련 뉴스가 연달아 보도되었다. 나는 한국 사회의 민낯과 현주소를 만났다.

> (2019년) 최근 북한의 식량 사정을 조사한 유엔 '세계식량계획' 등은 북한이 최근 10년 사이 최악의 상황에 직면했다고 발표했습니다. 올해 부족한 식량은 136만 톤, 전체 인구의 40퍼센트인 1,010만 명이 식량 부족 상태에 놓여 있다고 덧붙였습니다.[171]

북한 경제를 정확히 진단하지 못하는 현실을 논외로 하겠다. 2019년 5월 북한 식량난을 조사했다는 보고서, 쌀 지원을 사실상 공식화한 한국 정부, 북한의 단거리 발사체 발사로 악화되는 국내의 대북 여론을 연일 보도하는 한국 사회다. 내 마음은 이런 것이었다. 잘못된 정

---

171) 《KBS NEWS》 2019년 5월 8일자, "금보다 귀한 쌀 北 식량난 10년 새 최악"

보가 북한 대북 제재의 근거로 활용되곤 하지만, 이번에는 그 불확실성이 남북 대화 재개의 지렛대로 작용하기를 희망했다.

하지만 라디오 방송에서 귀를 의심하게 하는 내용을 들었다. 한 국회의원의 말실수라고 볼 수도 있다. 그러나 "우리 사람이 먹는 쌀은 3~4년 묵혀서 돼지, 소 사료로 원래 가격의 10분의 1로 헐값으로 제공하고 있는데 그걸 차라리 북에 지원"[172]하자는 대북 지원에 대한 접근 태도가 나의 가슴 한구석을 먹먹하게 했다.

1990년대 중반 김영삼 정부 때의 기록 영화를 보는 듯했다. 그는 문재인 정부에서 북방경제협력위원회 위원장을 지냈다. 그러기에 그의 말이 가볍게 와 닿지 않았다. 나는 위 의견이 그만의 돌출 생각이기를 바랐다.

북한 사회를 대하고 이해했던 잣대에 대한 재검증과 북한을 두고 일어나는 남남 갈등의 해소를 떠나서, 한국 사회는 만남의 여러 준비가 아닌 다른 길로 걸어가고 있다. 혹은 거꾸로 되돌아가는 것 같다.

참 갈 길이 멀게 느껴진다. 나는 만남의 기본은 서로를 진심으로 대하는 것, 인간적으로 가까워지는 것이라고 알고 있다. 상대에게 마음의 상처를 주는 말과 행동을 한다면 만남의 결과는 뻔하다. "말 한마디에 천 냥 빚도 갚는다"는 속담도 있다.

---

172) 《노컷뉴스》 2019년 5월 8일자, "北 인구 40% 영양부족"

반공과 안보 교육에서 평화 교육으로 바뀔까?

2018년 전후, 북한 관련 많은 책이 나왔다. 대부분 북한 사회에 대해 한국 사회가 모르고 있음을, 동질성과 이질성이 공존함을, 북한 사회가 변했음을, 그래서 이해하고 알아가는 노력이 필요하다는 내용을 담고 있다. 그 고민들은 모두 옳다. 내가 거기에 추가한다면, 한국 사회를 들여다볼 필요가 있다는 것이다. 그 가운데 다음 상황의 인식 때문에 "반공과 안보 교육에서 평화 교육으로 바뀔까?"라는 고민을 해왔다.

> 이명박과 박근혜 정부는 통일 교육도 반통일 교육으로 변질시켰다. 학교 통일 교육을 꾸리는 기관으로 국방부와 군부대, 국가보훈처가 들어섰고 강사로 현역이나 예비역 군인들이 나섰다. 그 시기에 통일 교육은 안보 교육, 반공 교육, 나라사랑 교육으로 대체됐고 평화 교육이 설 자리는 메 말라갔다.[173]

또 하나의 상황에 마주쳤다. 2018년 11월 한국의 민화협은 금강산을 방문했다. 그때 동행한 청년기자는 남북 만남 관련 분야에서 3년째 경험을 쌓았다고 한다. 그는 신문에 휴전선(군사분계선)을 넘는 과정을 기고했다. 나(40대)보다 윗세대도 아니다. 아래 세대가 쓴 글이다.

---

173) 이기범, 2018, 『남과 북 아이들에겐 철조망이 없다』, 보리, 235쪽.

어렴풋이 세어본 북한군 다섯 명 정도와 그들이 타고 온 것으로 추정되는 지프차를 보는 순간 그들이 갑자기 저 차로 돌진하여 우리를 공격하는 것이 아닐까 하는 두려움이 만들어내는 말도 안 되는 상상으로부터 오는 공포심에 몸을 덜덜 떨며 통행검사소 안으로 들어갔다.[174]

읽는 내내 20여 년 전 한국 사회가 1998년 처음으로 금강산에 갔을 때를 느꼈다. 날짜를 다시 확인했다. 2018년 11월이 틀림없었다. 그의 글은 "변하지 않은 것은 북한일까, 한국일까?"라는 의문을 가지게 했다. 그 자체가 2019년 전후 한국 사회의 자화상이라는 생각을 지울 수 없었다.

거기에서 다시 고민이 깊어진 것은 나의 독서와 경험도 한몫을 했다. 김영하(소설가)의 산문집 『여행의 이유』(문학동네, 2019)에 표현된 1989년 12월 언저리의 일화가 눈에 들어왔다. 그는 그 당시 "대학생들에게 사회주의 국가의 현실을 알려주자는 취지로 재벌 기업들이 돈을 모아 소련과 중국으로 단체여행"을 보내는데, 자신이 추천을 받았던 경험을 이야기했다.

한국자유총연맹의 전신인 한국반공연맹이나 한국관광공사에 가서 "공산권 주민 접촉 시 유의사항" 같은 주제의 교육을 받았다. 주된 내용은 해외에서 북한 사람을 만나면 조심해야 한다. 잘못하면 납치되어 북한으

---

174) 《동아일보》 2018년 11월 22일자, "처음 마주친 北 군인들에 괜한 두려움으로 덜덜"

로 끌려간다. 북한 사람이 아니더라도 해외에서 남한을 비판하는 동포들도 조심해야 하는데, 그들은 실은 북한의 조종을 받고 있다는 식이었다 (이 소양 교육은 1992년에야 폐지되었다).[175]

1989년 20대였던 그의 경험담과 약 30년이 지난 현재 한국의 20대가 체험하는 내용이 뭐가 같고 뭐가 다른지 생각해보았다. 그와 비슷했던 내 경험도 떠올렸다. 2018년 초가을 문재인 대통령과 김정은 위원장이 평양에서 만나기 직전이었다. 한국 사회에서 남북 평화 분위기의 기대감이 높았을 때였다.

나는 OOO기관의 북·중(중·조) 국경 답사의 사전 연수에서 특강을 마친 뒤였다. 강의실 밖으로 나가다가 참가자에게 배포된 『평화통일교육 [...] 사전안내 자료』 책자가 있어서 들고 나와 읽었다. 한 부분을 옮기면 다음과 같다. 김영하의 경험과 다르다면 "공산권 주민 접촉 시 유의 사항"이 없다는 것이다. 같다면 북한 사람에게 적용한 것이 그런 내용이라는 점이다.

2. 북한 주민과 불법 접촉 금지: 국외 여행공무원 및 출장자가 사전 승인 절차 없이 북한 주민과 불법 접촉으로 인한 불이익을 사전에 예방 □ 관련근거: 남북 교류협력에 관한 법률, 남북 교류협력에 관한 시행령 [...] □ 불법 접촉자에 대한 처벌: 신고 없이 북한 주민과 접촉한 자(300만 원

---

175) 김영하, 2019, 『여행의 이유』, 문학동네, 33쪽.

이하의 과태료). 승인 없이 북한 방문 시(3년 이하의 징역 또는 1,000만 원 이하의 벌금) 3. 북한 공작원의 포섭 방법: 북한 공작원이 사용하는 포섭 방법은 일반적으로 대상자의 신분, 성격, 환경, 공작반응 등 4단계로 진행.

소책자이지만 3페이지를 차지하는 내용은 나의 시선을 멈추게 했다. 김영하가 약 30년 전 경험했던 내용이, 그가 폐지되었다고 밝힌 교육이, 이름만 바뀌었을 뿐 내용은 거의 바뀌지 않은 채 참가자의 사전 연수에도 반복되고 있었다.

그때 익숙하다는 느낌이 들었다. 왜냐하면 바뀌지 않은 것은 그것만이 아니기 때문이다. 두만강과 압록강에서 북한의 현실(어려움)을 보여주기 위한 이런저런 단체의 반공과 안보 교육 답사에 대한 지원이 10여 년 넘어 지속되고 있음을 나는 알고 있다.

2018년 전후부터 간혹 북·중(중·조) 국경 지역 답사를 기획하는 기관에서 전화가 오곤 한다. 어떤 실무자는 통성명이 끝나자마자 "반공과 안보 교육을 하다가 평화 교육으로 바꾸기가 너무 힘들어요"라고 한마디를 꺼낸다. 나는 "이해가 됩니다. 반공과 안보 교육에서 평화 교육으로 모양은 바뀌었습니다. 마찬가지로 중·조 국경 지역 답사도 최근(2018년 이후) 주제에서 평화라는 말이 강조되고 있습니다. 그런데 코스와 이를 설명하는 방식과 내용은 변하지 않고 그대로입니다"라고 답변했다.

멀게는 2000년부터 가깝게는 2006년부터 나는 두만강과 압록강을 답사 혹은 여행하는 다양한 한국 단체를 참여관찰을 할 기회가

백두산 천지에서 바라본 일출(2019년 10월)

있었다. 지나친 일반화라고 말할 수 있을지 모르겠지만 대부분 답사는 그 국경 지역을 있는 그대로 체험하기보다 한국 사회에서 배운 대로 생각하게 하는 모습이었다.

한국 사회가 그동안 만들어온 북한의 편견을 확인하는 공간으로 활용하는 경우가 다수였다. 그 과정에서 그들의 답사 주제인 애국과 반공과 안보가 자연스럽게 따라붙었다. 그들의 여행 과정에서 듣고 보는 설명과 풍경은 단절과 분단 그리고 북한의 타자화가 주된 것이었다.

답사(여행) 일정을 소화하고 마지막으로 단둥 혹은 옌지(연길) 시내 호텔에 투숙한 한국 학생 또는 일반 여행객을 우연히 만날 때마다 나는 "무엇을 보았나요?"라고 똑같은 질문을 해보곤 한다. 그들은 예외 없이 "철조망을 보았는데 다른 지역으로 이동해야 한다고 해서 머문 시간이 너무 짧았어요"라고 이야기한다. 또는 "압록강과 두만강이 위험하다고 해서 가지 않았어요. 거기를 무서워서 어떻게 가요"라는 한마디도 어김없이 남긴다. 거기에서 나는 짧게 말하곤 했다.

북한과 중국이 압록강과 두만강을 공유한다는 내용만 알아도, 중·조 국경의 철조망이 탈북자 방지용이 아니라는 사실만 알아도, 여러분이 그 지역에 가서 보고 느끼는 게 다를 것입니다. 한국에 돌아가면 여러분들이 이번 여행에서 보고 듣고 경험했던 내용과 다른 압록강과 두만강의 국경 특징과 문화가 무엇인지 알아보면 좋겠습니다.

그 말이 끝나자마자 그들은 바로 "압록강과 두만강을 공유한다고 요?"라고 되묻는다. 4박5일 또는 5박6일 답사나 여행 기간 동안 가이드에게 전혀 들어보지 못했다는 표정이다. 그리고 그들은 버스를 타고 떠난다. 그 뒷모습을 바라볼 때마다 내 가슴속 답답함은 반복되곤 했다.

여행할 때 그 지역을 있는 그대로 체험한다는 것은 쉽지 않다. 답사 혹은 교육이라는 주제로 찾더라도 그곳 문화를 이해하면서 다니는 것은 어렵다. 그 점을 인식하면서도 그들의 반응을 접할 때마다 나는 "그들이 눈으로 확인했다는 내용이 이 국경 지역의 현실일까? 놓친 것은 무엇일까?"라고 반복해서 생각한다.

그런 상황은 여전하다. 2019년 전후 한국의 DMZ(휴전선) 관련 답사는 평화 교육의 현장과 내용으로 바뀌어가는 중이다. 반면에 두만강과 압록강 답사는 주제는 같으면서도 다른 결과를 드러낸다. 현재도 DMZ(휴전선) 관련 답사 못지않은 규모이다. 중·조 국경 지역으로 평화 교육을 기획한 많은 기관과 단체들이 떠난다.

2019년에도 나는 두만강변과 압록강변보다는 중국 도시(선양, 엔지 등)에서 한국 학생과 여행객을 만나곤 했다. 예전처럼 나의 질문은 같았고 그들의 답변도 닮았다. 한쪽은 바뀌고 있는데 한쪽은 그대로이다. 연구자로서 고민과 답답함은 변한 것이 없다.

나의 주 전공은 국경 인류학이다. 여행 인류학도 겸한다. 나는 한국 사회에서 중·조 국경 지역이 안보 교육의 현장으로 자리를 잡아가는 현실을 조금이나마 개선하고 싶었다. 그래서 10여 년 전부터 그동안 연구와 그 지역 일상생활에서 경험을 담은 답사 혹은 여행 일정표를 다양하게 만들어왔다.[176]

단체나 개인에게 자문할 때 보내기도 하고 가지고 떠나기도 한다. 계획한 코스와 내용은 그 지역 여행의 보편적인 일정표와 비슷하다. 단지 작은 차이가 경험의 차이를 만들고 더 다양한 장면을 접하게 한다. 주제는 "압록강에 발 담그고 과일을 먹자!"이다.

2017년 전후부터 또 하나의 일정표를 구상해 주변 지인들과 함께 떠나곤 했다. 그때 보고 경험했던 내용 위주로 간략하게 소개하면 아래와 같다. 이전과 차이점은 백두산에서 압록강 상류와 중류 지역으로 향하는 코스를 추가했다. 첫날 만주벌판을 달려 백두산 밑에서 숙박한다. 둘째 날 오전 백두산 천지를 구경한 뒤 중국 창바이(장백)로 향한다.

압록강 너머 보천보전투승리기념탑이 있는 북한 혜산을 만나기 위해서다. 한국 사회가 상상하는 것보다 큰 이 도시의 전경과 규모에

---

176) 2016년 이전에 만든 4박5일 일정표 내용은 백두산, 지안(집안), 단둥(단동) 지역을 중심으로 채워져 있다. 그 일정표와 경험의 내용은 강주원, 2016, 『압록강은 다르게 흐른다』, 눌민, 97-110쪽 참고.

중국 장백 산중턱에서 바라본 북한 혜산(2017년 7월)

북한의 삼수갑산 풍경(2018년 10월)

일행의 대부분은 놀라곤 한다. 한국에서 가장 험한 산골 혹은 조선시대 귀양지로 알려진 삼수갑산(三水甲山)과 백두산 사이에 창바이(장백)와 혜산이 있음을 알려주면 사람들은 이 지역을 다시 바라본다.

참고로, 중국 쪽 강변 전망대에서 바로 코앞(몇 십 미터)의 혜산만 보고 가는 것은 좋지 않다. 도시의 일부분이자 외곽만 보고 가는 것이다. 대형 버스는 못 올라가지만 택시로 5분을 달려 산 중턱까지 오르면 혜산의 전경이 시야에 들어온다. 일부만 보고 가는 것과 전체를 보고 가는 것은 분명히 차이가 있다.

다음으로는 압록강 상류에서 중상류, 삼수갑산으로 향한다. 차창 너머로 북한 마을과 사람들 모습을 볼 수 있다. 철조망은 있다 없다 반복한다. 여름철에는 압록강의 상징인 뗏배를 구경할 수 있다. 거기에 탄 북한사람을 바라보다 보면 저녁 무렵 중국 린장(임강)에 도착한다.

셋째 날은 압록강과 헤어져 내륙으로 향하며, 퉁화(통화) 지안(집안)으로 가는 우회 경로로 들어선다. 때로는 다른 코스를 선택한다. 한반도에서 가장 추운 지역으로 알려진 북한 중강읍 근처의 청년광산 지역을 중국의 고갯마루에서 바라볼 수 있기 때문이다. 한국 사회에 흔히 알려진 북한의 낙후된 마을과 거리가 먼 모습을 본 것과 안 본 것은 그 여정에서 느끼는 바가 다르다는 것을 매번 깨닫는다.

다시 차에 오르면, 철조망 너머로 농사를 짓거나 거기에서 소들이 풀을 뜯는 압록강변 풍경이 끝없이 펼쳐진다. 그때 버스는 대체로 조용하다. 그 평화로운 풍경에서 다들 만감이 교차하는 표정을 짓는다.

지안 가는 길 너머 북한 기차역(2018년 10월)

지안의 고구려 고분들(2018년 10월)

철조망이 없는 지역에서 내려서는 선착장까지 산책하듯 걸어간다. 그곳부터 운봉댐까지 보트(약 70킬로미터)를 타고 이동한다. 나는 그때의 경험, 북한과 중국 배가 압록강에서 공존하고 배의 주인들은 삶을 공유하고 있다는 사실을 다른 글에 남긴 적이 있다.

2017년 7월 압록강에서 보트를 운전하는 중국사람을 만나 대화가 가능한 그의 한국어 실력의 비결을 물어보았다. 그의 보트 옆으로는 인공기를 단 북한 어선이 지나갔고, 배 위의 북한사람들은 그에게 손을 흔들었다. 그는 "낮에는 그들(북한사람)과 함께 물고기를 잡고, 밤에는 강 건너(북한)에 가서 물물교환을 하면서 술 한잔하다 보니 조선말을 자연스럽게 배웠다. 우리들은 그렇게 살고 있다. 저기 보이는 배에 있는 조선사람(북한사람)은 내 친구다. 저기 보이는 압록강변에 그들이 잡은 고기로 요리하는 식당을 나는 4개나 가지고 있다"고 대답했다.[177]

압록강 중류 지역에서 보트를 타는 경험은 그 자체로 끝나지 않는다. 강 한복판에서 바라보는 풍경과 함께 거기에 기대어 어울려 사는 북한사람과 중국사람의 삶이 거기에 있다. 북한 쪽 강변까지 근접하는 보트의 경로는 강 중앙이 국경이 아님을 몸소 체험하게 한다. 그 사실을 아는 일행의 얼굴은 평온하다. 강 중앙이 국경이라고 잘못 알고 있는 일행의 얼굴은 점점 굳어진다. 운봉댐 근처에서 내려 택시로

---

177) 강주원, 2018, 「삼국이 만나고 연결되는 단둥」, 『단둥, 단절과 이음의 해항도시』, 선인, 395쪽.

갈아타고 가다가 북한 기차역이 가깝게 보이는 곳에서 내려 휴식을 취한다.

다음 목적지는 북한 만포 외곽 건너편에 위치한 중국 지안(집안)이다. 고구려 역사(광개토대왕비, 장수왕릉 등)를 주제로 한국의 답사와 여행팀이 찾는 지역이다. 북한과 중국을 이어온 기존 철길과 새 다리, 중국이 국경 지역을 관광지화하는 모습도 볼 수 있다.

늦은 저녁에 고구려 도읍(수도)의 한복판이자 잠시 걸어가면 압록강이 흐르는 호텔에 투숙한다. 로비에 일행이 모여 자강도 출신 북한 여종업원이 공연도 하는 북한 식당에 갈 것인지 의논하곤 한다. 북한 식당에 가는 정도는 괜찮은 것인지 국가보안법에 저촉되지 않는지 서로 물어본다.

넷째 날은 압록강 하류로 향한다. 1943년에 완공된 수풍댐이 보이는 식당에서 여름에는 쏘가리 매운탕, 겨울에는 쏘가리회를 먹는다. 점심을 마친 뒤에는 유람선을 빌려서 제2압록강단교라고 부르는 청성교까지 간다.

한 시간 남짓 북한의 삭주 지역이 펼쳐진다. 그곳을 바라보는 사람들은 깨끗한 북한 마을을 선전 마을로 여기기도 하고, 헤어진 이산가족을 생각하거나, 타인이 이유를 알 수 없는 눈물을 흘리기도 하고, 그저 무덤덤한 표정에 빠지기도 한다.

마지막 일정은 중국 단둥이다. 4박5일의 일정은 분명 한계가 있다. 하지만 몇 시간만 머물며 압록강단교에 올라가고 시내 유람선을 탄 뒤, 바로 다른 지역으로 떠나는 여행과는 다른 경험들을 더하기 위

압록강변(중류)을 걷는 한국사람(2017년 7월)

수풍댐(2019년 5월)

삭주 지역의 북한사람(2018년 8월)

수풍댐 근처 북한 풍경(2018년 8월)

해 나는 그곳까지 욕심을 부린다. 오후에 단둥에 도착하자마자 마지막 날 점심으로 북한사람들이 자주 가는 식당이나 중국의 명절 음식을 먹을 수 있는 식당에 갈 때까지 분주히 돌아다닌다.

일정은 『압록강은 다르게 흐른다』에서 언급한 부분(압록강단교, 조선족거리, 기차역, 세관, 황금평, 신압록강대교, 호시 무역구, 신시가지, 네 집단이 애용하는 식당, 중공군 도하 장소, 일보과, 호산장성, 단둥 시내 곳곳 등)과 비슷하다. 다만 신의주의 3, 4년 변화상을 엿볼 수 있는 지역을 더한 것이다. 조만간 항미원조전쟁기념관(한국전쟁)이 다시 개관한다고 한다. 그곳까지 소화하려면 더 시간을 아껴야 할 것이다.

최소한 단둥에서는 압록강변이나 압록강 섬의 숙소를 택한다. 그래야 짧은 일정 안에서도 물안개 속을 산책하거나, 신의주의 닭 울음소리를 들으며 압록강 섬을 걷고, 압록강을 바라보며 사색에 잠기는 체험을 건질 수 있다.

위의 내용은 내가 만든 "백두산·압록강·고구려·단둥 답사 및 여행(4박5일) 일정"의 일부를 서술한 것이다. 한편으로 보자면 이 책의 사례나 모습은 그 여정을 따라가다 마주하게 되는 것에서 나온 것이다. 일정표는 책의 부록으로 첨부했다.

중·조 국경 지역에서 미래를 말하다

과거와 현재의 길을 참고하자

한국 사회는 개성공단과 금강산 관광의 재개를 통해 남북의 미래에서 새로운 길을 가고자 한다. 나 역시 거기에 힘을 보태는 방법을 고민해 왔다. 단둥에서 함께 사는 네 집단이 실천하고 있는 경제 활동의 궤적과 방식을 따라가 보면 남북경협의 길이 보인다.

그 길은 그들만 걸어온 것이 아니다. 한국에 살며 함께했던 사람들도 있다. 2005년 평양순안공항에 내렸던 최원호(맛대로촌닭 대표)는 2007년에 평양에다 식당을 열었다. 2000년대 한국 회사인 예닮은 북한에서 위탁가공한 아동 한복을 국내에서 판매했다.

인테리어에 필요한 자재를 중국 단둥(단둥)에서 구해 신의주를 거쳐 평양으로 보냈다. [...] 매장에 들어가는 다른 물품과 식자재도 모두 인천항에서 남포항을 거쳐 평양으로 보냈다. [...] 한국에서 조선족 조리사를 뽑아 3개월간 교육에 들어갔다. 그런 다음 그들이 열흘씩 두 번 북한으로 가서 북한 조리사들을 가르쳤다.[178]

단동(단둥)에서 동방명주호(단둥페리)를 타고 집으로 돌아가는 길에 성공한 따이공(보따리상)을 만나 또 다른 중개인을 소개받았다. 그 덕분에 추 이사는 평양에 있는 봉제 공장에서 한복을 생산하게 되었다. [...] 국내 한복 시장을 석권하기까지 북한의 위탁가공은 그 비중이 무척 컸다. 4천 벌로 시작한 주문은 한 시즌에만 30만 벌까지 늘어났다.[179]

최원호(맛대로촌닭 대표)는 휴전선과 압록강을 다 활용했다. 남북의 사람만이 아니라 조선족도 사업 추진에서 한몫을 담당했기에 시간을 단축했다. 예닭의 임원(추 이사)은 휴전선이 아닌 압록강을 통해서 남북을 연결하는 구조와 단둥사람의 역할을 알았다. 그 방식이 있었기에 2019년 현재 20대 전후 한국 젊은이의 추억과 사진에 등장하는 아동 한복 가운데 북한 노동자가 만든 것이 어느 정도 차지하게 된 것이었다. 한국에 다 판매되었다면 한 시즌 30만 벌이다. 내가 알기로 한복은 많이 물려 입는다. 그것까지 생각하면 압록강을 넘어온 아동 한복을 어린 시절 입었던 지금의 20대는 더 늘어난다.

178) 정청래 외, 2018, 『정세현·정청래와 함께 평양 갑시다』, 푸른숲, 95-98쪽.
179) 정청래 외, 2018, 『정세현·정청래와 함께 평양 갑시다』, 푸른숲, 113-114쪽.

앞에서 그런 경제 활동을 했고 기록된 업체만 약 1,000개임을 살펴보았다. 그것도 고려하면 아동 한복 이외에도 압록강을 통해 남북이 서로 경제적으로 얽힌 사례가 많음은 미루어 짐작할 수 있다. 1990년대와 2000년대 남북은 그렇게 살았다. 2010년대라고 해서 그런 경제 활동이 끊어진 적도 없었다.

이쯤에서 넓게는 2018년 이후 좁게는 2019년 5월과 6월 남북 관계에서 한국 정부와 사회는 어땠는지 궁금하다. 대북 쌀 지원 관련 남남 갈등이 일어났고 정부는 쌀 지원을 추진했다. 개성공단 기업인들의 방북이 승인되었지만 기다려야 했던 시기였다. 핵심적으로 추진하는 남북 교류가 아직은 구체적으로 진행되지 않고 있었다. 계획과 말이 앞서던 시기였다. 미정의 북미 정상회담이 변곡점이 되기를 기대하는 뉴스가 연일 보도되었다.

그것이 2019년 5월과 6월의 남북 교류 양상을 보여주는 전부는 아니다. 휴전선을 중심에 둔 대표적인 모습을 모은 것이다. 고개를 돌려보자. 같은 시기에 "경기도가 한반도 평화프로세스 물꼬 튼다"는 뉴스가 보도되었다. 그 지자체는 휴전선을 넘는 남북 교류를 택하지 않았다. 압록강, 그 중에서 단둥과 신의주가 등장한다.

(2019년 5월) 경기도는 "밀가루 지원은 북측 민족화해협의회로부터 인도적 물품 지원요청에 따른 것으로 현재 중국 단둥에서 신의주로 순차적으로 전달되고 있다"고 설명했다.[180]

---

180)《국민일보》 2019년 5월 22일자, "경기도가 한반도 평화프로세스 물꼬튼다"

이처럼 경기도는 휴전선이 열리기만을 기다리지 않았다. 중국 단둥으로 통하는 방식을 활용했다. 휴전선이 막혀있기 때문은 아니다. 우회적인 길도 아니다. 과거 휴전선이 열려 있을 때도 함께 했던 방식이다. 과거와 현재의 길을 알기에 압록강을 선택한 것이다. 그 방식은 지자체만이 아니라 민간단체도 이용했다.

마찬가지로 같은 달에 우리민족서로돕기운동(NGO 단체)은 단둥을 통해 북한으로 콩기름을 지원했다. 이 단체는 한국 사회에서 공식적인 남북 관계가 끊어졌다고 인식되던 2018년 이전에도 그 경로를 활용했다.[181] 한국 사회의 한쪽에서는 그 경로를 활용하고 있다. 2019년 어느 봄과 여름날에 대한 나의 기록이다.

그때만 그렇게 살지 않았다. 나에게 남북 관계와 관련해 2018년 이후 한국 사회를 표현하라고 한다면 옛것을 익혀서 새것을 알아간다는 온고지신의 정신이 떠오르는 시기라고 말하겠다. 새 길을 말하면서 휴전선만 바라볼 뿐이었다. 과거와 현재를 익히고 압록강을 통한 남북 교류의 방식을 생각할 여지가 없는 한국 사회였다.

역사에 비슷한 일이 반복되더라. 조금만 돌아보면 과거에서 배울 게 많은데 한국 사회가 워낙 역동적이라 그런지 우리는 닥치고 진격뿐이다. 배울 게 있고 얻을 게 있는데 과거를 잘 돌아보지 않는다.[182]

---

181) 우리민족서로돕기운동 홈페이지 참고. http://ksm.or.kr/
182) 《미디어오늘》 2019년 5월 21일자, "비판만으로 세상이 바뀌지 않는다"

한국 언론과 관련한 맥락에서 강준만(전북대 교수)이 언급한 내용이다. 그런 한국 사회의 모습은 2018년 이후 남북 관계의 현상에서도 드러난다. 역사학자도 언론학자도 아닌 나는 앞으로 인류학 연구 방향과 내용을 적어본다.

어떤 주체(정부 또는 민간)가 어떤 길(미래 또는 휴전선)을 강조하는지, 어떤 길(역사와 현재, 단둥)을 간과하는지, 어떤 길(휴전선 혹은 단둥)을 활용하는지, 어떤 길(단둥)을 재조명하는지, 어떤 길(단둥)을 계속 이용하는지 아니면 새로운 길(휴전선)을 만들어 가는지 관심 있게 지켜볼 작정이다.

이 연구를 꾸준히 하면 한국 사회에 형성되는 남북 관계의 시선이나 이미지들에 더불어 말과 계획이 아닌 현실로 실천되는 남북 교류와 만남의 자료들이 모일 것이다. 그 작업의 결과물은 한국 사회가 과거와 현재에서 미래의 남북 교류와 만남을 참고했는지 아니면 미래만을 이야기했는지 또한 드러날 것이다. 이제 2020년도 얼마 남지 않았다. "2020년대 전후 한국 사회는 이렇게 살았다"에서 휴전선과 압록강의 사례 가운데 어떤 자료가 더 쌓이게 될까!

북·중·러 삼각지대와 단둥

2019년 상반기, 통일 한국의 청사진을 말할 때 주목받는 인물이 있다. 세계 3대 투자가로 익히 알려진 짐 로저스이다. 그는 부산대에서 명예철학박사 학위를 받았다. "한반도의 통일과 미래"나 "통일 한국 기회의 땅"과 같은 주제로 강연한다. 한국 언론은 이를 연일 보도하였다. "다음 투자처로 북한을 주목하고 있다"고 밝힌 그의 말이다.

북한이 개방되고 통일이 된다면 세계에서 잠재력이 가장 큰 나라가 될 것이다. 한국사람이 듣고 기분 좋으라고 하는 말이 아니다. 앞으로 10~20년 사이 한반도가 세계에서 가장 흥미롭고 역동적인 곳이 될 것이다.[183]

그는 정말로 한국 사회가 듣고 싶거나 기분 좋을 말을 아는 것 같다. 한국에 살면서 많이 들어왔던 내용이다. 한편 예전부터 북한과 관련해 한국 사회에서 주목하는 지역이 있다. 소위 북·중·러 삼각지대이다. 문재인 정부의 신한반도경제에서 늘 언급되었다. 그러한 관심은 이명박과 박근혜 정부에서도 있었다. 짐 로저스도 2016년에 예측을 내놓았다.

짐 로저스(로저스홀딩스 회장)가 주목하는 그곳은 동북아시아, 구체적으로는 한반도·중국·러시아 3국의 접경지역이다. 그는 세 나라가 삼각형의 꼭짓점을 하나씩 나눠 가진 그곳이 향후 20년 동안 세계에서 가장 흥미로운 곳이 될 것이라 장담했다.[184]

183) 《국제신문》 2019년 4월 29일자, "[세상읽기] 짐 로저스의 한반도 투자론"
184) KBS 『명견만리』 제작팀, 2016, 『명견만리: 인구, 경제, 북한, 의료 편』, 인플루엔셜, 183쪽.

나는 그 지역 가운데 하나인 중국 훈춘을 갈 때마다, 대학원 시절 (2012년 이전)로 돌아간다면 그곳을 현지조사 했을지도 모르겠다고 생각하곤 했다. 한국 사회가 그 지역을 주목하고 관심을 가질 때마다 중국 연변대학교의 지인에게서 "세 나라의 변경(국경)이 모인 그곳이 한국 사회가 생각하는 그런 그림이 되려면 언제쯤 가능할까요?"라는 이야기를 들은 경험이 떠오른다.

그 질문을 기억하는 나는 "향후 20년 동안 세계에서 가장 흥미로운 곳이 될 것"이라는 짐 로저스(로저스홀딩스 회장)의 말에 고개를 갸웃거리게 된다. 그의 주장을 뒷받침하는 『명견만리』의 내용을 읽다 보면 자꾸만 삼국 무역의 중심지, 단둥이 떠오른다. 한국 사회가 왜 같은 국경 도시인 단둥보다 훈춘을 주목하는지 궁금했다.

그가 장담하는 근거를 위의 책에서 자세히 살펴보면[185] "멋진 상상을 하나 해보자"면서 "블라디보스토크에서 출발하는 열차는 유럽 어디라도 철도로 이동 가능"하고 "부산역에서 출발하는 열차가 연결"되는 것에 의미부여를 한다. 그것은 단둥에서도 가능하다. 동해선보다 경의선이 우선순위 아닐까?

"훈춘에 가면 가장 먼저 눈길을 사로잡는 것이 한국어, 중국어, 러시아어가 함께 쓰인 간판"이라고 한다. 단둥에서는 러시아어 간판을 보기 힘들다. 그렇지만 북한사람과 한국사람이 함께 읽는 한국어 간판은 더 많다.

---

185) KBS 『명견만리』 제작팀, 2016, 『명견만리: 인구, 경제, 북한, 의료 편』, 인플루엔셜, 182-207쪽.

러시아, 북한, 중국이 만나는 두만강 하류(2018년 4월)

"전체 북·중 교역의 3분의 1이 이 길(두만강철교)에서 이루어진다"고 한다. 단둥의 중조우의교는 최소 북·중 무역의 3분의 2를 담당하고 있다. "훈춘에서 베이징까지는 9시간이면 도착한다. 대륙의 동쪽 끝과 중국의 심장부가 직통으로 연결된 것이다"라고 한다. 단둥에서 베이징까지는 6시간 남짓이면 도착한다. 단둥은 북한의 심장부인 평양과 매일 운행하는 열차로 연결되어 있다.

박근혜 정부 시절인 2016년에 출판된 그 책에서는 "기회의 삼각지대에 왜 우리(한국 사회)는 끼지 못하는 걸까?"라고 질문한다. 훈춘에는 "(동북아 나라들을 잇는 물류 거점으로 만들겠다는 포부를 지닌) 포스코-현대 국제물류단지"가 있지만 "우리 나라 기업이 북한과 직접 교류하거나 라진항을 자유롭게 이용할 수 없다"고 설명한다. 단둥에는 이미 2010년 전부터 SK가 운영하는 보세 창고가 북한과 한국, 나아가 세계 여러 나라를 잇는 다리 역할을 하고 있다.

"부산시는 동북 3성이나 블라디보스토크와 교류하고 있고 남북 관계와 동북아시아 교류를 위한 부서까지 만드는 등 라진-하산 프로젝트를 위한 만반의 준비"를 갖추었지만 "북한을 포함한 동북아시아 경제 공동체를 이룰 청사진에 다시 먹구름이 끼고 말았다"고 말한다. 단둥은 1998년부터 인천(서울)과 신의주(평양)를 연결하는 물류가 멈춘 적이 없다.

그 책은 "지금은(2016년 전후) 기회의 삼각지대를 둘러싼 게임의 판을 우리가 새로이 짜야 할 때"라고 마무리한다. 그 문장은 2019년에 그대로 써도 이상하지 않다. 4, 5년 전과 비교를 했을 때 그 지역의 북·중·러 경제 교류에서 크게 변한 것은 없다. 현실화한 것도 별로 없는 것으로 나는 알고 있다. 한국 기업의 참여가 미진한 것은 마찬가지이다.

책을 덮을 때 나는 짐 로저스(로저스홀딩스 회장)가 언급한 "향후 20년" 가운데 이미 약 5년이 거의 흘러갔음을 생각했다. 2019년에도 여전히 한국 사회는 그 지역과 한반도 연결의 가능성을 보여주는 청사진에 주목한다. 투자는 기회와 가능성을 대상으로 하는 것인지 나는 모르겠다.

"향후 20년"보다 지난 30여 년의 노하우가 쌓여 있고, 삼국(북한, 중국, 한국)의 연결을 본격적으로 활성화할 수 있는, 다시 말해 러시아가 빠져 있지만 한국이 이미 연결되어 있는 도시가 단둥이다. 이는 미래 예측이 아니다. 투자가도 역사학자도 아닌 인류학자이지만 나는 안다. 한반도와 대륙을 연결하는 관문이자 『열하일기』의 박지원이 걸어간 여정에 나오는 곳이 중국 도시 단둥이다.

신한반도 경제지도가 만들 관문은 휴전선에만 있는 것이 아니다. 신의주 건너 중국으로 들어가는 관문을 만드는 것도 포함되어 있다. 그 점의 준비는 잘 보이지 않는다. 하나만은 확실하다. 대륙을 연결하는 철도가 완성되면 남북의 사람만 이용하지는 않을 것이다.

분명한 것은 더 있다. 한국 국적의 사람이 서울역에서 출발해 평양역에 자유롭게 내릴 수 있는 시대가 오기 전에 북한의 기차역을 활발하게 이용하는 사람은 우선 중국사람이다. 이미 평양역을 이용하고 있다. 단둥~평양 간 국제열차가 있는 단둥역에 갈 때마다 2층 국제대합실로 향하는 계단을 올라가는 사람의 무리를 쳐다본다. 그때마다 그것이 현실임을 자각한다.

휴전선이 열리면 압록강은 더 깊어간다

한국 사회는 남북경협의 전망에서도 짐 로저스(로저스홀딩스 회장)의 예측에 주목한다. 그는 "북한 개방이 멀지 않았다"는 말과 함께 "지금 한국과 중국은 출발선을 기웃거리는 육상 선수들 같다"[186]고 표현한다. 내가 보기에 그는 예측보다 현실 파악을 잘한다.

중국에 대해선 "이미 북한에 들어가 있고 북한 개방 뒤 한국과 중국의 경쟁은 있을 것"이라면서도 "한국은 북한과 같은 언어를 쓰고 같은 조상의 후손"이라며 "결과적으로 중국보다 한국이 훨씬 더 많은 영향력을 행사하게 될 것"이라고 전망했다.[187]

여기서도 마찬가지다. "(중국이) 이미 북한에 들어가 있고"는 현실이다. "한국이 훨씬 더 많은 영향력 행사"는 예측이다. 그가 말한 투자가 현실화하는 데는 "북한이 개방하고 통일이 된다"는 전제조건이 항상 붙는다. 이번에는 "같은 언어를 쓰고 같은 조상의 후손"이라는

---

186) 《KBS NEWS》 2019년 3월 6일자, "북한에 전 재산 투자하고 싶다 짐 로저스 출연"
187) 《KBS 1TV '사사건건'》 2019년 3월 7일자, "[짐 로저스 초청 대담] 북한에 투자하라?"

단서를 달았다. 그런데 그 말은 너무나 익숙한 것이다.

그가 파악한 것을 접어두고, 남북경협과 중국 관계를 더 알아보았다. 『선을 넘어 생각한다』(부키, 2018)에서 박한식은 북한을 방문할 때마다 목격한 현장을 묘사한다. 출판 연도를 고려했을 때 2018년 이전 평양이다. 홍익표(국회의원)는 남북을 둘러싼 현실을 파악하고 "한국, 독점적 경제협력 파트너 과신 말아야 한다"는 취지의 말을 한다. 그들은 짐 로저스(로저스홀딩스 회장)와 다른 진단과 전망을 이야기한다.

평양의 호텔에 투숙하는 중국인들 비중이 갈수록 증가하는 것이 눈에 보입니다. 어느 때는 중국인들 때문에 호텔에 방이 없을 정도입니다. 지하자원부터 관광지까지 중국인들이 북한 곳곳으로 몰려오고 있습니다.[188]

북한에 대한 국제 제재가 사라지고 북한과의 교류를 막는 장애가 다 제거된다면 거꾸로 지금 우리가 가지고 있는 경제 파트너로서 독점적 지위도 사라질 수 있습니다. 말하자면 북한은 다양한 협력 파트너가 생기는 것이죠. 중국은 물론이고 일본도 될 수 있고 미국이나 유럽도 그렇죠.[189]

단둥에서 대북 사업가들을 만날 때 2010년~2019년의 변화에 대해 물어본다. 그들의 공통된 생각과 경험은 23년 이상 경력의 대북 사업가 K의 말에 함축되어 있다. 그는 북한 공장을 놓고 중국과 한국 기

188) 박한식·강국진, 2018, 『선을 넘어 생각한다』, 부·키, 151쪽.
189) 문정인 외, 2018, 『평화의 규칙』, 바틀비, 65쪽.

업이 경쟁해야 한다고 말한다. 그는 한 민족이라는 입장보다 현장의 상황을 고려한다.

2010년 전에 어떻게 보면 한국은 대북 사업에서 독점적 지위에 있었습니다. 지난 10여 년 동안 한국 기업의 빈자리를 중국 기업이 채웠습니다. 만약에 지금 대북 제재가 풀려도 북한 평양에 있는 공장에 들어가기 위해 한국 기업은 우선 중국 기업과 경쟁을 해야 합니다. 즉 단가 경쟁을 해야 합니다. 쉽지 않죠. 예를 들어 만약에 중국이 내수용 의류를 세금 혜택을 통해서 본격적으로 북한에서 생산하게 되면 그 규모는 상상이 되죠. 이전에는 한국 홈쇼핑에 팔리는 제품을 한국 기업이 발주해서 북한 노동자가 만들었습니다. 지금은 중국 기업도 발주합니다. 그만큼 환경이 바뀌었습니다. 2020년이 얼마 안 남았는데 한국 사회는 여전히 1990년대 북한과 중국으로 생각하는 것 같습니다.

그는 남북 관계와 관계없이 한국 사회가 마주칠 변화된 경제 상황을 예측한다. 그의 표현은 한국 사회가 달라진 남북경협의 조건, 중국을 고려해야 하는 점에 대처를 얼마나 하고 있는지 고민하게 한다. 상황과 환경이 바뀐 것은 또 있다. 평양냉면은 한반도의 사람만 먹고 싶은 것이 아니다. 2018년 9월 평양 정상회담 당시 냉면과 관련한 일화이다.

평양냉면으로 꽃피운 대화 속에서 특히 자부심을 드러낸 건 리 여사였다. 그는 "지난 4월 27일 판문점 회담 덕분에 평양에서도 (평양냉면이) 더 유명해졌다."며 "그 이후로 외국 손님들이 다 냉면, 냉면 소리하면서 냉면 달라고 한다"고 말했다.[190]

위 내용은 평양냉면의 자부심뿐 아니라 현실도 함께 보여주고 있다. 냉정하게 지난 1년여를 돌아보자. 시기를 좁혀 2019년 4월 남북과 주변 국가가 서로 어떻게 지냈는지 살펴보면, 평양에서 냉면을 사람들 중 한국 사람이 많은지 중국 혹은 다른 나라 사람이 많았는지 쉽게 알 수 있다.

경기도는 14일 "판문점 선언(4월 27일) 1주년을 맞아 남북 공동으로 DMZ 평화 마라톤 대회를 개최하기 위해 북측과 협의 중"이라며 "현재 북측의 공동 개최 동의서를 기다리고 있다"고 밝혔다. [...] 통일부, 유엔사 등과 협의를 거쳐야 하는 만큼 당초 계획대로 대회가 개최될지 아직 장담할 수 없는 상황이다.[191]

결국 경기도는 이를 무기한 연기했다. 함께 추진했던 황해도 "스마트 팜 시범농장"[192]도 대북 제재로 추진이 불투명하다고 한다. 성사를 위한 개성 남북공동연락사무소에서 만남도 무산되었다. 북한의 냉면 인기와 한국의 연기(기대)가 엇갈리는 2019년 봄날이었다. 그런 상황

---

190) 《국민일보》 2019년 9월 19일자, "외국 손님들 다 랭면 랭면 한다"
191) 《연합뉴스》 2019년 3월 14일자, "경기도, 다음달 남북 공동 파주~개성 마라톤 추진"
192) 《경인방송》 2019년 3월 27일자, "경기도 남북 교류협력사업 난항"

이 남북 교류의 현주소였다. 그때 평양에서 국제마라톤 대회가 개최되었다.

> 중국 베이징의 북한 전문 여행사 고려투어에 따르면 이날 마라톤 대회에는 서양인 950명이 참가했다. 이는 지난해 참가자 수 450명보다 2배 이상 늘어난 규모다.[193]

2019년 전후 남북 관계의 현주소를 알 수 있는 사례가 많다. 다만 나는 이 글에서 4월만 살펴보고 있다. 2019년 4월 8일 중국 지안(집안)과 북한 만포를 잇는 다리가 정식 개통했다는 보도가 있었다. 그날 "중국 관광객 120명이 이 다리를 이용해서 북한으로 들어갔다"고 한다.

나는 이미 2015년 전후부터 그 지역을 갈 때마다 그 다리의 완공된 모습을 보았고, 중국과 북한을 연결하는 역할, 즉 사람과 물자의 왕래를 목격해왔다. 2019년 4월 이전에도 중국사람은 그 다리를 건너 북한 만포 여행을 다녀오곤 했다.

그 지역의 현황은 거기에 그치지 않는다. 지린성(길림성)의 통화(통화)와 지안(집안)을 연결하고 북한 만포 앞이 종착점이자 시발점인 고속도로가 2019년 가을에 개통했다. 그런 모습은 한국 언론이 보도하는 "북·중 경협 밀착 강화 신호탄"[194]으로 볼 수 없다. 고속도로가 하루아침에 건설되는 것은 아니다.

---

193) 《뉴스 1》 2019년 4월 8일자, "평양시내 가로질러"
194) 《조선일보》 2019년 4월 9일자, "지안·만포 다리 개통 北·中 경협 밀착 강화 신호탄"

북한과 중국을 연결하는 새 다리 건설은 그곳에만 있지 않다. 두만강의 투먼(도문)과 남양 사이에도 있다. 여담이지만, 그런 건설들은 한국 사회가 남북 관계에서 제재와 중단이라는 길을 하나둘 걸어간 2010년 시기와 겹친다. 참고로 지안(집안)과 만포는 김정일 전 국방위원장이 2010년 중국 방문 때 활용한 경로이다.

한쪽(휴전선)에서는 연결할 도로나 철도의 제대로 된 조사조차 시작하지 못하고 있다. 다른 한쪽(두만강과 압록강)에서는 이미 몇 년의 준비 과정을 거쳐 본격적으로 물류를 활용할 단계에 닿아 있다. 한쪽(휴전선)에서는 계획만을 언급하고 있다. 다른 한쪽(두만강과 압록강)에서는 구체화하고 있는 형국이다.

그런 상황이라면, 남북을 연결하는 고속도로 착공식을 보게 될 때 북한과 중국은 그런 도로를 이미 이용하고 있을 것이라는 사실은 누구나 짐작할 만한 것이다. 위 사례들은 한국의 통일부 장관(김연철)이 취임한(2019년 4월 8일) 날의 언저리에 진행된 일들이다. 한국 사회가 마주한 상황이 순탄하지 않음을 느끼게 하는 봄날이었다.

휴전선은 멈추어 있고 압록강은 더 활발해지는 현실 앞에서 나는 "이제 인천공항에서 출발한 비행기가 2시간이 안 걸려 중국의 선양(심양)에 도착한 뒤 4시간 남짓 차를 달리면 광개토대왕비가 있는 고구려의 옛 수도 지안(집안)과 압록강 그리고 북한의 만포를 만나겠구나"라고 혼잣말을 할 뿐이다. 열차 혹은 자동차로 서울에서 평양을 지나 만포에 도착한 뒤 압록강을 넘어서 장수왕릉 앞에 언제 서 있을지, 얼마나 걸릴지 앞날을 그릴 수 없는 한국 사회에 살고 있다.

잃어버린 10여 년 동안 러시아와 중국 등 주변 국가는 대북 제재와 상관없이 북한과 교류와 만남을 이어왔고 경제 활동을 통해 이득을 추구했다. 그 기간만도 아니다. 반면에 한국 사회는 2018년 이후에도 대북 제재에 발목이 잡힌 상황이다. 남북경협이 본격화 되지 않았다. 그런 상황에서 북한사람과 경제 활동을 하고 있는 단둥사람은 누구나 다음 상황을 예측한다.

개성공단이 열린다고 해도 정상화되는 데는 시간이 걸린다는 것을, 최소 몇 개월이 소요된다는 것을 알 만한 사람들은 다 알지 않나요. 그런데 단둥은 대북 제재가 해제되면 다음 날 바로 한국에서 사업가들이 몰려온다는 것을 지난 역사에서 알고 있어요. 개성공단보다 활용할 수 있는 북한의 노동력이 단둥에 더 많아요. 왜냐하면 여기에서는 단둥의 북한 노동자뿐만 아니라 평양의 노동력도 가용합니다. 우리(중국사람)도 개성공단이 재개되는 것을 희망해요. 우리에게도 기회죠.

이 말을 한 북한화교 H는 2018년 가을 평양의 대동강수산물식당에서 문재인 대통령과 김정은 위원장이 앉았던 바로 그 자리에서 식사하다가 내가 생각났다고 한다. 그는 그 공간을 찍어서 메신저로 보내주었다. 평양의 모습을 실시간으로 서울에서 받는 어색함과 한국 사회에 살면서 느끼는 답답함이 겹치는 사진이었다.

2019년 봄이 아니라 여름의 이야기를 해보겠다. 6월 말 미국의 트럼프 대통령과 김정은 위원장의 판문점 만남에 대한 기대감이 보도되던 때였다. 나는 조선족 Y가 메신저로 보낸 중국 홈페이지를 검색해보았다. 여름에 예정된 "조선(북한)자전거 여행"을 모집하는 문구와 홍보 사진이 눈에 들어왔다.[195]

마침 그날은 한국 국회에서 여당 대표가 "北관광 제재 대상 아니라는데 [...] 평양 등 관광 추진해야"[196]한다는 말들이 오가고 문재인 대통령이 "지금까지 진행되는 모든 남북협력은 단 한 건의 (대북 제재) 위반 사례도 없이 유엔안보리 결의를 준수해 추진되고 있다"고 밝힌 날이었다.[197] 약 14년 전 2005년 11월에 남북이 공동 주최하고 남북에서 약 200명이 참가한 "제1회 오마이뉴스 평양~남포 통일마라톤 대회"[198]가 열렸다. 그러나 2019년 6월 판문점에서 세(미국·북한·한국) 정상의 회동 뒤에도 남북이 함께하는 그런 대회를 언제 다시 개최할 수 있을지 알지 못하는 한국 사회다.

한반도는 다시 발걸음도 떼지 못했는데 중국은 평양 자전거 여행을 모집하고 대동강을 달린다. 나는 "휴전선이 열리면 압록강은 더 깊어간다"고 이 글의 제목을 붙였다. 잘못 정했다. "휴전선과 상관없이 압록강은 더 깊어가고 있다"는 것이 더 적절하다. 그렇다. 2019년

---

195) 홈페이지에 들어가면 북한 지역을 자전거 타고 달리는 사진과 함께 홍보 내용을 살펴볼 수 있다. "비용 5,280위엔, 4박5일(70킬로미터), 추후 노선도 개발 중, 독일산 MTB 산악자전거, 매번 20명으로 인원 제한, 평양·개성·남포·대동강을 자전거와 버스로 여행 일정" 등을 소개하고 있다.

196) 《조선일보》 2019년 6월 26일자, "北관광 제재 대상 아니라는데"

197) 《연합뉴스》 2019년 6월 26일자, "문대통령 개성공단 재개, 北밝은 미래 제시"

198) 《연합뉴스》 2005년 11월 24일자, "평양~남포 통일 마라톤대회"

남북 관계는 봄과 여름이 다르지 않았다. 가을에 접어들어도 휴전선은 열리지 않았다.

언제쯤 압록강의 역할은 끝일까?

지인들은 내가 늘 중국에 있다고 생각한다. 그때마다 "저는 한국에 있습니다. 중국은 두 달에 한 번 정도 밖에 가지 않아요"라고 말한다. 중국 단둥 지역을 중점적으로 찾아다니는 나를 이해하지 못하기도 한다. 특강에서, 학술대회에서, 사석에서 그들은 나에게 질문한다.

강 선생이 이야기하는 단둥을 통하는 경로는 남북 교류와 만남에서 중국이 하는 역할을 말해 주는 것 같다. 남북 관계가 경색되면 중국이 중계하는 몫은 더 늘어난다는 것도 알겠다. 하지만 남북이 사이가 좋으면 중국을 거칠 일이 없어지니 중국, 그 가운데 단둥의 역할은 줄어들 수밖에 없는 것이 아닌가? 결국 나는 휴전선이 중요하다고 생각한다.

나로서는 그런 질문과 답이 반은 맞고 반은 틀린 것 같다. 그들 질문에 나는 "현재의 남북 관계가 김대중과 노무현 정부 시기 상황으로 돌아가기까지 얼마나 노력을 해야 될까?"라는 반문으로 시작한다. 그 다음, "한국 사회는 남북 교류가 열림과 중단을 반복했다고 인식한다. 하지만 남북 관계의 역사를 돌이켜보면 한 가지 중요한 특징을 발견할 수 있다"고 덧붙이며 사례를 인용한다.

교류와 협력이 한창 진전되다가도 한국의 대통령이 바뀌거나 정치적 상황이 조금만 나빠지면 하루아침에 예전처럼 대결 상태로 되돌아가곤 한 것입니다. 2000년 남북정상회담 이후 개성공단과 금강산 관광 등 대규모 경제협력이 시작되고 경의선 철도가 연결되기도 했지만 2008년 이명박 정부가 들어선 이후 모두 중단돼 버렸습니다.[199]

위와 같은 인식은 2019년 4월 김연철 통일부 장관의 취임사에서도 표현되어 있다. 그는 "가다 서다를 반복했던 불행한 남북 관계의 역사를 이제는 끝내야 합니다"라고 말한다. 한편 통일부 장관이 취임한 다음날 나는 단둥의 북한화교 A와 통화했다. 그에게 어디 가느냐고 물었다.

단둥항에 간다. 인천으로 떠나는 배를 타는 H(재미동포) 선생을 배웅하러 가고 있네. 그런데 자네도 이름을 들어본 저쪽(북한) 사람하고 같이 가네. H(재미동포)가 누군지 알지? 두 사람이 정말 꾸준히 만나면서 사업을 하고 있었던 걸 나는 며칠 전 술자리에서 알았네. 어제도 만났는데 며칠 전 내가 평양에 갔을 때 사 온 들쭉술 2병을 H(재미동포) 선생에게 선물했지. 자네도 마시고 싶으면 빨리 단둥에 오거나. 나하고 함께 평

199) 서의동, 2018, 『다음 세대를 위한 북한 안내서』, 너머학교, 141쪽.

양 갔다 왔던 B(조선족) 친구도 거래처 사장을 만나기 위해서 한국에 들어가네. 지금 우리 다 같이 차를 타고 항구 터미널에 가고 있네. 참 아까 K(한국사람) 사장을 조선족 거리에서 만났는데 안부 전하네.

전화 통화 내용에는 무역 대표인 북한사람, 북한과 한국을 연결하는 사업에 종사하는 북한화교와 재미동포인 한국사람 그리고 통화 후반부에 그들의 또 다른 사업 파트너인 조선족과 단둥에 거주한 지 15년 이상이 된 한국사람이 등장한다. 남북을 연결하는 경제 활동을 함께 만들어가는 네 집단(재미동포 포함)의 일상이 담겨 있다. 북한화교 A와 짧은 국제전화 통화를 마치고 나는 통일부 장관의 취임사를 다시 읽었다. 읽다가 멈추기를 반복했다.

저는 오늘 "임중도원(任重道遠), 어깨는 무겁고 길은 멀다"는 말을 생각했습니다. [...] 평화가 경제입니다. 국민들이 일상에서 평화를 체감할 수 있어야 합니다. 만질 수 없는 평화는 날아가기 쉽습니다. [...] 경제를 고리로 평화를 공고히 하고 평화를 바탕으로 다시 경제적 협력을 증진시키는 선순환 구조를 정착시키고 강화해 나가겠습니다. [...] 남북 관계의 외연이 확대되고 교류 협력이 전면적으로 활성화될 경우, 지방자치단체와 민간의 역할은 더욱 커질 것입니다. [...] 현실적인 제약 속에서도 실현 가능한 방안을 찾는 능동의 지혜가 우리에게 필요합니다. [...] 남북이 함께 공존 공영하는 평화 경제의 시대를 열어나가기 위해 쉼 없이 노력해

신의주 여행 광고(2016년 8월)

신의주 여행 광고(2018년 10월)

신의주 여행 광고(2018년 12월)

야 합니다.[200]

내게는 "압록강의 역할은 언제쯤 끝일까?"라는 사람들 질문에 정면
으로 대답을 구하는 것보다 통일부 장관의 취임사에 몇 마디를 보태
는 것이 더 효과적일 것 같다. 그의 말대로 평화 통일을 향한 "길은
멀다." 그러나 그 길은 휴전선, 하나의 길만 있는 것이 아니다. 압록강
을 넘나드는 길도 있다. 30여 년 네 집단의 "평화"로운 만남은 "경제"
활동이었다. 이를 바탕으로 북한에서 "일상"의 삶과 관련된 물건을
만들어왔고 한국 사회에서 소비되어왔다. 일방통행이 아니었다. 반대
방향도 있었다. "선순환 구조"이다.

　휴전선과 압록강은 어느 한쪽만을 강조하거나 취사선택할 문제가
아니다. 두 길을 함께 만들어가는 것 자체가 "남북 관계의 외연이 확
대"되는 것이다. 지난 남북 관계의 역사에서 보듯 한국의 "지방자치
단체와 민간"은 휴전선뿐 아니라 압록강도 활용해왔다. 두 공간에서
그들의 역할을 찾아왔다.

　대북 제재라는 "현실적 제약"과 관계없이 끊어지지 않고 이어져
온 압록강에서 네 집단의 관계 맺음은 일종의 예외적 형식이 아니다.
그들의 삶에는 남북 교류와 만남의 "실현 가능한 방안과 능동의 지
혜"들이 녹아 있다. 한국 사회가 때로는 휴전선 앞에서 멈춤을 반복
할 때 압록강은 "남북이 함께 공존 공영하는 평화 경제"의 삶을 일

---

200) 《아주경제신문》 2019년 4월 8일자, "[전문] 김연철 통일부 장관 취임사 평화는 경제다"

압록강 상류(창바이), 북한 여행 특징을 요약한 광고(2018년 10월)

지안의 북한 여행 광고(2015년 7월)

옌지의 북한 여행 광고(2019년 7월)

구어오면서 계속 흘러왔고 흐르고 있다.

혹자는 남북경협은 상당한 시간이 지나야 본격화할 수 있다고, 정치·군사적 문제를 풀어야 하고 북미 관계의 개선과도 맞물려 있다고 말한다. 대북 제재가 일부 해제된다 하더라도 갈 길은 멀다고 한다. 하지만 그것은 휴전선을 중심에 둔 사고방식이다.

압록강을 놓고 생각하면 다르다. 휴전선을 사이에 두고 만드는 길들이 궤도에 올라가기 전까지, 아마도 올라간 후에도, 넓게는 중·조 국경 지역 좁게는 단둥 거기에서 네 집단의 역할은 계속될 것이다. 과거와 현재가 있는 단둥에 미래의 길도 있다.

과거가 현재로 이어지는 압록강의 강물을 품고 바라보면, 거기에는 남북의 미래, 그 길로 나아가는 힘이 있다. 그 모든 걸 떠나 단둥에는 북한사람과 한국사람이 있다. 함께 어울려 살며 30여 년의 애증관계를 쌓아가고 있다. 한국 사회에서는 없는 경험의 깊이다. 더 이상 어떤 설명이 필요한지 나는 모르겠다.

2013년, 2016년 그리고 2019년 기록을 마치며

삶을 나누는 압록강의 일상

나의 스승 김광억(서울대 인류학과 명예교수)은 1997년 단둥을 포함한 중·조 국경 지역의 생활문화를 연구했다. 아래에서 언급하는 조선족은 그 당시 단둥 시내에 살던 사람들이다. 수풍댐 주변은 단둥의 압록강단교 근처에서 차로 달리면 한 시간 남짓 거리다. 그 지역, 단둥과 신의주를 가로지르는 압록강 하류 지역을 그는 "국경 개념이 없이 다녔던 곳" 즉 단절이 아니라 공존의 문화로 표현했다.

관전은 평북 삭주에서 바로 압록강 건너 있는 곳이다. 삭주는 수풍댐이 있으며 압록강 반대편에는 랍고초라는 마을이 있어서 일찍부터 국경 개

넘이 없이 다녔던 곳이라 한다.[201]

나는 단둥의 지인들에게 "첫눈이 오기 전에 돌아오겠습니다"라고 말을 하고 헤어졌다.

위의 말은 『압록강은 다르게 흐른다』의 마지막 페이지에 남긴 것이다. 그 말을 지키기 위해 책을 내자마자 2016년 11월 11일에 단둥에 갔다. 수풍댐 근처인 북한 삭주 지역의 풍경을 가까이 접하기 위해 유람선에 혼자 몸을 실었다.

약 10년 전과 비교해 눈으로 확인할 만한 변화를 카메라에 담기에 분주했던 나는 등 뒤에서 들려오는 익숙한 남자 목소리에 고개를 돌렸다. 단둥의 대북 사업가인 조선족 H가 아내와 함께 서 있었다.

북한의 남녀들도 눈에 들어왔다. 우선 반가운 마음에 그와 악수했다. 사업을 함께 하는 북한 사람들과 야유회를 왔다고 했다. 일행을 약간 벗어나, 이런저런 세상 돌아가는 이야기를 그와 나누었다. 한 시간 넘게 유람선이라는 작은 공간에 함께 타고 있었지만 예의상 그들(북한사람, 북한화교, 조선족, 한족) 모임을 카메라에 담지는 않았다. 나의 눈은 압록강 너머만 바라보았다. 하지만 귀는 그들의 대화로 향했다.

한국 국적의 정체성만 있는 나는 유람선 위에서 갈 수 없는 북한 땅을 바라보고 있었다. 반면에 그들은 조선족의 친척이 살고 있는 곳

---

201) 김광억, 1997, 「제1장 요녕성 한인동포의 사회와 생활의 특징」, 『중국 요녕성 한인동포의 생활문화』, 국립민속박물관, 25쪽.

이자 북한사람과 북한화교의 가족 또는 친구가 살고 있는 산천을 응시했다. 단둥의 조선족은 평양 출장 경험을 말하고 있었다. 평양이 고향인 북한 무역 대표들은 중국사람(북한화교와 한족)과 새롭게 모색하는 사업 내용을 나누고 있었다. 한국 기업의 이름도 흘러나왔다.

엿들은 꼴이 되고 말았다. 저녁 식사 자리에는 평양발 국제열차로 단둥에 도착할 다른 북한 무역 대표가 합류할 모양이었다. 마지막에는 남녀 모두 찜질방으로 가자고 말했다. 요즘 인기라고 해서 나 역시 밤에 갈 생각이었다.

그날 압록강의 그 유람선에서는 한국 국적인 나만 대화와 모임에서 제외되었다. 그렇지만 약 20년 전 인류학자의 눈으로 기록한 단절이 아닌 교류가 녹아 흐르는 압록강의 삶이 2016년에도 내 눈 앞에 펼쳐지고 있었다. 1997년과 2016년의 시공간을 가로질러 스승이 보았던 문화를 제자가 이어서 보고 있었다.

강변 양쪽 사람들이 어울려 사는 모습은 그 오래 전, 1990년대 너머에도 있었다. 압록강(두만강)은 그렇게 살아왔다. 1992년 한·중 수교 전후부터는 한국사람도 그 일상에 동참했었다는 차이밖에 없다. 늘 해온 일이지만, 앞으로 그들의 삶을 어떻게 풀어내고 기록할지 고민하게 하는 단둥과 압록강에서 하루였다.

다음 날 아침 나는 압록강을 따라 중조우의교까지 걸으며 단둥과 압록강 너머 신의주 풍경을 카메라에 담았다. 15년 넘게 반복하는 현지 조사 과정이었다. 그러나 그날따라 나의 마음은 압록강과 휴전선, 두 국경을 넘어 (11월 12일) 밤에 예정되어 있던 한국의 광화문 촛

호텔 로비의 풍경(2017년 1월)

북한 고려항공 달력(2017년 1월)

불집회에 가 있었다. 마음을 다잡고 익숙한 압록강을 따라 걸었다.

가장 먼저 눈에 들어온 광경은 약 천 명 손님을 수용할 수 있는 북한 식당 앞이다. 여러 명의 북한 여종업원이 아마도 근무 기간이 끝나 귀국하는 것으로 보이는 동료의 큰 가방을 들어주며 배웅하고 있었다. 바로 근처 북한 식당에서는 옆 중국 식당에서 울리는 "아아~ 깊어만 가는 서울의 밤이여"라는 한국 가요를 들으며 청소하는 중이었다. 다음으로 마주친 북한 식당 앞에서는 북한 여종업원들이 택시에서 내려 2층으로 총총히 걸어가고 있었다.

다시 걷다가 발걸음이 멈춘 북한 식당은 약 15년 전 단둥에서 처음 가보았던 "송도원"이었다. 한국 언론이 폐업했다고 언급한[202] 바로 그곳이었다. 영업 준비에 여념이 없었다. 북한과 관련한 오보는 여전한 것이었다.

아침 시간을 그렇게 보낸 뒤, 인사를 핑계 삼아 10년 넘게 알고 지내는 단둥 사람들을 종일 찾아다녔다. 북한화교 사무실에는 한국 책들이 보였고 북한사람이 빌려간다는 말을 들었다. 내 책도 거기에 있었다. 그들에게 인기라고 했다.

저녁에는 단둥의 지인들과 함께 최근 북한 사람들이 부쩍 애용한다는 음식점으로 갔다. 옆 테이블에서 북한사람과 북한화교가 우리와 같은 메뉴인 철판 두부를 먹고 있었다. 대화의 소재도 우리 테이블과 너무나 똑같았다. 잘 들리지 않았지만 북한화교가 묻고 북한사람이

---

202) 《YTN》 2016년 11월 1일자, "제재 여파로 中 단둥 대표적 북한 식당 폐업"

한국의 상황을 한국 뉴스에서 보도하는 그대로 알려주고 있었다.

(북한화교) 광화문에 사람들이 얼마나 모였는지?

(북한사람) 최순실은 [...] 광화문에 100만 명이 모였다네.

그날 늦은 밤 삼국(북한, 중국, 한국)을 연결하는 다리, 중조우의교를 바라보다 바로 옆 대형 광고판에 눈길이 멎었다. 삼성 핸드폰 광고였다. 북한사람들은 한국 상품 광고를 보면서 단둥에 살고 있다. 단둥은 그런 곳이다. 세번째 책을 위한 2016년 겨울 인류학 작업은 그렇게 시작했다.

2017년에도 이어졌다. 1월 6일 오후 단둥 호텔 프런트의 문구("본 호텔에 숙박하는 조선 손님은 여권으로 작은 선물을 받아갈 수 있습니다.")를 촬영하는 것으로 시작했다. 호텔 직원에게 나도 선물을 달라고 했다. 호텔 직원은 여권을 흔들면서 북한사람에게만 준다고 했다. "이 호텔의 주 고객이 북한사람인 것은 안다. 그래도 나 역시 7년 넘게 여기를 이용하는데"라고 하자 직원은 "당신에게만"이라고 전제하고 포장된 상자를 내밀었다.

그때 호텔 로비를 둘러보니 중국 사업 파트너를 기다리는 북한사람뿐 아니라 아랍권 사람들도 섞여 있었다. 북한사람에게 받은 북한 달력을 주겠다고 국제전화로 미리 말했던 북한화교 L도 와 있었다. 그는 손에 고려항공 승무원이 등장하는 달력을 들고 있었다. 탐나던 물건이었다.

삼국을 연결하는 중조우의교 근처의 삼성 핸드폰 광고(2016년 11월)

서둘러 사진에 담았다. 북한 달력을 한국에 가지고 가면 법에 걸리기에, 두고 갈 수밖에 없기 때문이었다. 내가 작년에 주었던 한국 달력은 2017년 1월 북한 주재원과 무역대표의 왕래가 빈번한 북한화교와 조선족의 대북사업 사무실 한 벽면을 차지하고 있었다. 남북을 연결하는 사업을 하는 그들에게는 비슷하지만 내용이 다른 한반도의 두 달력이 필요하다. 사업에서 일정을 계획하고 추진할 때 요긴하게 쓰이기 때문이다.

평화와 공존으로 가는 길에서 각자 역할에 충실하기

2017년 북한과 한국 달력이 공존하는 단둥, 북한 여권이 대북 제재의 대상이 아닌 선물을 받는 기준이 되는 공간이 단둥이었다. 나는 호텔 프런트 문구를 보면서, 휴전선만을 가정한 "남북 교류협력의 완전 중단"이라는 한국 사회의 시각이 놓치고 있는 것은 과연 무엇일까 생각했다. 그런 문제를 늘 염두에 두며 2018년과 2019년 여름까지 이 책을 채운 현지 조사 내용들을 모아왔다.

나의 인류학 연구 작업을 기록한 총 3권은 매번 휴전선과 더불어 중·조 국경 지역이 남북 교류와 만남의 또 하나의 축임을 한국 사회에 3년 주기로 말하는 일이 되었다. 나는 휴전선과 단둥이 둘 다 중요하다고 생각한다. 어느 하나가 절대적이라는 이분법이 아니다.

2019년 한국 사회는 개성공단과 금강산 관광 재개를 요구하고 그

명분을 알리는 사람들의 노력과 역할이 필요한 때이다. 그런 사람들이 나와 다른 길을 걷고 있다고 생각하지 않는다. 나의 인류학 연구는 한반도의 평화와 공존이라는 길 위에서 그들과 함께 간다. 다만 남북 교류와 만남의 역사이자 현재, 휴전선과 단둥(두만강과 압록강)을 기록하는 역할이 다른 것이다.

인류학 시각으로 단둥을 몇 단어로 압축하면 뭐라고 말할 수 있을까. 사람들은 개성공단을 "날마다 작은 통일이 이루어지는 기적의 공간"[203]이라고 말한다. 그렇다면 단둥과 중·조 국경 지역은 30여 년 동안 다양한 형태의 공존과 공생이 끊어지지 않고 일상적으로 펼쳐지는 공간이다.

북한사람과 한국사람이 소소한 일상을 함께 나누고 이해하고 배우는 과정이 그곳에서 사라진 적은 없다. 그들은 함께 식사하고 술잔도 함께 기울이며 지냈다. 그것이 최소한 개성공단과 차이다. 나는 그 모습을 20년 가까이 지켜보고 10년 가까이 글로 기록하고 있다. 거기에는 한국 사회에서 두 공간, 휴전선과 압록강을 함께 이야기하고 바라보는 분위기가 조성되길 바라는 마음을 담았다.

《알쓸신잡》으로 더 알려진 김영하(소설가)는 "어떤 베스트셀러는 빨리 낡는다"[204]고 말했다. 한때 유행했지만 세월이 지나 현실을 설명할 때 도움이 될 수 없다는 의미로 읽었다. 앞선 두 권의 책이 아직은 낡지 않았다고 생각한다. 연구자로서 그 점은 행복하다.

---

203) 김진향 외, 2015, 『개성공단 사람들』, 내일을 여는 책, 7쪽.
204) 김영하, 2017, 『보다-김영하의 인사이트 아웃사이트』, 문학동네, 46쪽.

1992년 한·중 수교 전후부터 네 집단의 삶과 남북을 연결하는 그들의 경제 활동을 담은 『나는 오늘도 국경을 만들고 허문다』(글항아리, 2013) 속 모습은 지금(2019년)도 중·조 국경 지역의 문화 그 자체이다. 변한 것 없이 세월이 흐르며 축적되었을 뿐이다.

책이 나온 지 3년이 다 되어가지만 『압록강은 다르게 흐른다』를 최근에 읽은 독자들도 만난다. 특강에서는 그 책을 여전히 소개한다. 그때마다 이전에 하지 않았던 당부의 말을 전한다.

여러분이 읽어주신 책은 2016년에 나온 책입니다. 그 점을 염두에 두고 읽어주셨으면 합니다. 그 책은 2018년 이후보다는 그 이전, 한국 사회에서 공식적인 남북 관계를 단절된 상태로 인식하던 시기에 단둥이라는 곳에서 네 집단의 사람들이 살아가는 모습을 그린 것입니다. 그 시기에 그렇게 살았다면 2019년 현재 휴전선이 아닌 다른 지역에서 남북 교류와 만남 또한 어떻게 진행되고 있을지 미루어 알 수 있습니다.

솔직한 나의 마음은 압록강과 휴전선을 함께 넘나드는 남북 교류와 만남이 활성화되는 데 이 책이 작은 디딤돌이라도 되는 것이다. 한편으로는 낡은 책, 역사를 기록한 책으로 남을 날이 어서 오기를 희망한다. 한국 사회가 휴전선만 바라보지 않을 날이 와서 사람들이 남북 교류와 만남을 떠올릴 때 압록강도 자연스럽게 술자리의 안주거리가 되는 날을 나는 꿈꾼다.

이 책을 써 내려가면서 나는 미래의 남북 교류와 만남을 예측하지 않았다. 그것은 인류학자의 영역이 아니다. 인류학자로서 나는 현실에 발을 디디고 역사와 현재가 말하는 이야기에서 미래에 걸어갈 길을 비추는 단서를 찾아내고자 했다.

호기도 부려보고 싶다. 3년쯤 뒤에 다음 책이 나온다면, 문재인 정부의 후기와 다음 정부 초기의 남북 관계와 한반도의 변화를 담은 한국 사회, 거기에 압록강에서 사는 사람들의 모습을 함께 기억해서 기록하고 싶다. 누군가는 또 압록강 또 단둥이냐고 소리를 할 것 같다.

연구자로서 다짐하고 또한 그렇게 살고자 한다. 나의 마음은 2020년 전후에 떠날 예정인 단둥과 압록강 그리고 백두산에 가 있다. 신의주와 평양 거리를 돌아다니며 그들의 삶을 기록할 준비도 갖출 것이다. 가족의 손을 잡고 백두산 동파에 올라 천지를 바라보는 내 모습도 함께 그릴 것이다. 거기에서 내가 할 수 있는 일을 할 것이다.

북한사람이 드나드는 북한화교 사무실 한 켠의 한국 책(2016년 11월)

백두산·압록강·고구려·단둥 답사 및 (여행(4박5일)일정표

2000년부터 두만강과 압록강을 다니며 배웠던 그 지역의 문화를 반영해 만든 중·조 국경 답사 일정표 가운데 하나이다. 중·조 국경에서 북한만을 바라보는 답사가 아니라 국경에 기대어 살아가는 사람들을 만나고 그들 삶을 조금이나마 알아가고 느낄 수 있을 기회가 되도록 구성했다. 이 표는 직접 기획한 답사, 여행사(사회적 기업)가 추진하는 여행 프로그램, 그 지역으로 떠나는 다른 답사 및 여행의 자문에도 활용하고 있다. 단둥(단동)을 제외한 지명은 한국식으로만 표기했다.

압록강에 발 담그고 과일을 먹자! 안보 여행에서 평화 공존 여행으로!

일자	지역	교통	시간	주요 일정	주요 내용
제1일	인천 심양 백두산	항공 전용버스	6:00	인천공항 집결	출국 수속
			8:05	인천 출발	비행시간 약 1시간 50분
			8:55 (중국시간)	심양공항 도착	기내식
			9:30	현지 여행사 마중	대북사업가 겸 여행사 사장 인사
			10:00/12:30	환인으로	버스 안에서 여행 참가자 인사, 답사에 대한 기대감 나누기
			12:30/13:30	점심 식사	조선족 음식 맛보기
			13:30/15:00	오녀산성 박물관	오녀산성 조망 및 고구려 유적 알아보기
			15:00/19:00	백두산으로	버스 창 너머로 역사 속 또는 100년 전 만주 벌판과 신흥무관학교를 상상하면서
			19:00/20:00	저녁 식사	동북 3성의 별미 맛보기
			호텔 투숙: 만주 벌판에서 떠오르는 북두칠성과 달 그리고 해 감상		
제2일	백두산 압록강 상류 임강	전용버스	6:00/7:00	아침 식사	호텔 조식, 백두산 아침 공기 마시기
			7:00/8:00	백두산으로	백두산 서파 주차장 (남파가 개방된 경우 남파로)
			8:00/12:00	백두산 천지까지 버스로	서파일 경우 1442개 계단을 통해 백두산 등정(30분) 남파일 경우 주차장에서 내려 옆으로 약 300미터 이동(10분) 백두산 천지와 개마고원 일대 바라보기
			12:00/13:00	점심 식사	한국 음식 맛보기
			13:00/14:30	장백(혜산)으로	백두산 알아가기, 압록강 만나기 준비
			14:30/15:30	혜산 바라보기	장백 전망대 및 발해 영광탑 전망대에서 북한 혜산 전경 눈으로 담기
			15:30/19:30	임강으로, 압록강 중류 풍경 바라보기	삼수갑산 지역을 가로지르는 압록강 풍경 보기와 잠시 걷기
			19:30/20:30	저녁 식사	투숙할 호텔 식당 이용, 한국 입맛에 맞는 중국 요리 맛보기
			호텔 투숙: 압록강 너머 중강읍에서 떠오르는 달과 해 감상		
제3일	임강 압록강 중류	전용버스	7:00/8:00	아침 식사	호텔 조식, 새벽시장 만나기
			8:00/9:00	선착장으로	소떼를 볼 수 있는 압록강 중류 만나기
			10:00/12:00	운봉댐으로, 압록강 중류 풍경 바라보기	청년광산 알아보기, 약 70km를 보트로 달리기, 북한사람이 타고 있는 뗏목 옆 지나가기
			12:00/13:00	집안(만포)으로	운봉댐, 북한의 기차역, 북한 만포 지역 바라보기

일차	지역	교통	시간	활동	내용
	운봉댐 집안		13:00/14:00	점심 식사	집안 지역 별미인 불고기 맛보기
			14:00/18:00	광개토대왕릉과 비, 장군총, 오회분 5호묘, 국내성터, 환도산성, 고분군	집안의 고구려 숨결을 느끼기, 집안과 만포를 연결하는 철길과 다리의 의미 파악하기
			18:00/20:00	저녁 식사	자강도 출신의 북한 종업원들의 공연 보기
			호텔 투숙: 압록강 비치는 달과 해 감상		
제4일	집안 수풍댐 단둥	전용버스	7:00/8:00	아침 식사	호텔 식사, 국내성터 걷기
			8:00/11:30	수풍댐(삭주)으로	한국 교과서에 수록되었던 수풍댐(일제강점기 건설)
			11:30/12:30	점심 식사	압록강에서 잡은 쏘가리 및 민물 매운탕, 진짜 새우깡(민물새우튀김) 맛보기
			12:30/14:00	청성교로, 수풍댐 주변 바라보기	공유하는 국경과 압록강의 특성을 이해하기 위한 유람선 타기, 북한 삭주 지역(고 리영희 선생 고향)을 눈으로 담기, 북한사람의 일상을 느끼기
			14:00/15:00	단둥(신의주)으로, 일보과, 호산장성, 한국전쟁 당시 중공군 도하 장소	중국의 역사 만들기 현장, 압록강 중조 최단거리의 국경(압록강의 특성 이해), 중국의 항미원조전쟁(한국전쟁) 기억하기의 공간 다니기
			15:00/18:00	신압록강대교, 황금평, 신시가지, 세관, 조선족거리, 기차역	북한의 신의주와 100여 년의 역사를 함께 하고 있는 쌍둥이 도시인 단둥, 북·중 경제 협력 현황 파악의 공간, 단둥의 북한사람, 북한화교, 조선족, 한국사람의 일상생활 공간을 알아보기, 압록강에 담긴 100년의 역사 느끼기
			18:00/20:00	저녁 식사	20여 가지 중국 요리 맛보기
			20:00/21:00	압록강공원	어둠에 잠긴 압록강변 걷기, 중국의 공원 문화 체험
			호텔 투숙: 압록강 섬에서 단둥과 신의주 바라보기		
제5일	단둥 심양 인천	전용버스 항공	8:00/9:00	아침 식사	호텔 조식, 압록강 섬 돌아다니기
			9:00/10:30	압록강단교	평양행 국제열차 바라보기, 한국전쟁의 여행 상품화 현장, 미공군 폭격 흔적, 손기정 선수의 마라톤 연습 루트, 서울역에서 출발한 열차를 타는 모습 상상하기
			10:30/11:30	책문으로	열하일기 따라가기, 조선시대 국경의 위치 확인하기
			11:30/12:30	점심 식사	만주족 음식 맛보기
			12:30/15:00	심양공항으로	버스 안에서 여행의 의미 음미와 생각 나누기
			16:50	인천공항으로	백두산과 압록강 상류에서 하류까지 일정 정리하기, 기내식
			19:30 (한국시간)	인천공항 도착, 집으로	여행 뒤풀이를 기약하면서 해산

| 참고문헌 |

강영식, 2018, 「민간의 대북협력 정상화를 위한 과제와 해법 모색」, 『한반도 평화시대를 여는 남북 민간 교류협력』, 우리민족서로돕기운동 정책토론회

강주원, 2006, 「남한사회의 구별짓기」, 『웰컴투 코리아』, 한양대학교출판부

강주원, 2012, 「중조 국경 도시 단둥에 대한 민족지적 연구: 북한사람, 북한화교, 조선족, 한국사람의 관계맺음을 통해서」, 서울대학교 인류학과 박사논문

강주원, 2013, 『나는 오늘도 국경을 만들고 허문다』, 글항아리

강주원, 2016, 『압록강은 다르게 흐른다』, 눌민

강주원, 2017, 「국경도시 중국 단둥의 중첩되는 경계」, 『'나'를 증명하기』, 한울

강주원, 2018, 「삼국이 만나고 연결되는 단둥」, 『단둥, 단절과 이음의 해항도시』, 선인

김광억, 1997, 「제1장 요녕성 한인동포의 사회와 생활의 특징」, 『중국 요녕성 한인동포의 생활문화』, 국립민속박물관

김당, 2018, 『공작』, 이룸나무

김병로 외, 2015, 『개성공단: 공간평화의 기획과 한반도형 통일프로젝트』, 진인진

김병연, 2015, 「개성공단의 경제적 효과」, 『개성공단』, 진인진

김선수, 2018, 「백두대간 종주의 날」, 『금강산, 평화를 마중하다』, 세창미디어

김성인, 2019, 「필연적인 만남, 방법 없는 이별」, 『한국문화인류학 52(1)』, 한국문화인류학회

김영하, 2017, 『보다-김영하의 인사이트 아웃사이트』, 문학동네

김영하, 2019, 『여행의 이유』, 문학동네

김이경, 2019, 『좌충우돌 아줌마의 북맹탈출 평양이야기』, 내일을 여는 책

김진향 외, 2015, 『개성공단 사람들』, 내일을 여는 책

김진향, 2018, 「개성공단」, 『황해문화』, 새얼문화재단

김진향, 2019, 『우리, 함께 살 수 있을까?: 밀레니얼 세대를 위한 북맹 탈출 안내서』, 슬로비

뤼디거 프랑크, 2019, 『북한여행』, 한겨레출판

문정인 외, 2018, 『평화의 규칙』, 바틀비

박명규, 2015, 「개성공단 실험과 한반도형 통일모델」, 『개성공단: 공간평화의 기획과 한반도형 통일프로젝트』, 진인진

박영숙, 2010,「8박 9일의 북한체류기」,『다시 한반도의 길을 묻다』, 삼인

박한식 · 강국진, 2018,『선을 넘어 생각한다』, 부 · 키

(사)남북경제협력포럼, 2018,『금강산, 평화를 마중하다』, 세창미디어

서의동, 2018,『다음 세대를 위한 북한 안내서』, 너머학교

어린이어깨동무, 2018,『어깨동무 2018 겨울』, 어린이어깨동무

오기현, 2019,『북한사람과 거래하는 법』, 한겨레출판사

오영욱, 2018,『파리발 서울행 특급열차』, 페이퍼스토리

이기범, 2018,『남과 북 아이들에겐 철조망이 없다』, 보리

이봉조, 2010,「남북경협을 통한 한반도 경쟁력 확충방안」,『다시 한반도의 길을 묻다』, 삼인

이종석, 2017,『북한−중국 국경: 역사와 현장』, 세종연구소

이찬우, 2019,『북한경제와 협동하자』, 시대의 창

임동원 · 백낙청, 2010,『다시 한반도의 길을 묻다』, 삼인

장용훈, 2003,「확대된 민간교류 현사유지 당국 관계」,『통일한국21(12)』, 평화문제연구소

정세현, 2013,『정세현의 통일토크』, 서해문집

정세현 외, 2018,『정세현 · 정청래와 함께 평양 갑시다』, 푸른숲

정영철, 2017,『평화의 시선으로 분단을 보다』, 문예원

정은미, 2015,「남북 근로자의 상생, 갈등, 그리고 변화」,『개성공단: 공간평화의 기획과 한반도형 통일
        프로젝트』, 진인진

정창현, 2007,『북녘의 사회와 생활』, 민속원

정청래 외, 2018,『정세현 · 정청래와 함께 평양 갑시다』, 푸른숲

제주 남북 교류협력 10년 발간위원회, 2009,『평화의 감귤, 한라에서 백두 1999~2009』, (사)남북협력
        제주도민운동본부

조동호 외, 2001,『남북경협 추진전략 및 부분별 주요 과제』, 한국개발연구원

진천규, 2018,『평양의 시간은 서울의 시간과 함께 흐른다』, 타커스

최승완, 2019,『동독민 이주사 1949~1989』, 서해문집

최완규 외, 2019,『우리민족서로돕기운동 2018년 사업보고서』, 우리민족서로돕기운동

통일부, 2018,『2018 통일백서』, 통일부

한국문화인류학회, 2003,『처음 만나는 문화인류학』, 일조각

한비야, 2001,『중국견문록』, 푸른숲

KBS 『명견만리』 제작팀, 2016, 『명견만리: 인구, 경제, 북한, 의료 편』, 인플루엔셜

Kim, C. H. and Kang, J. W. 2015, "Reworking the frame: analysis of current discourses on North Korea and a case study of North Korean labour in Dandong, China" Asia Pacific Viewpoint, 56.

Tudor, Daniel and Pearson, James(전병근 역), 2017, 『조선자본주의 공화국』, 한길사

《경기신문》 2018년 4월 30일자, "과거 남북교역 인천~남포 항로 재개 기대"

《경인방송》 2019년 3월 27일자, "경기도 남북 교류협력사업 난항"

《경향신문》 2018년 5월 5일자, "통일 대비 300조 한반도 뉴딜 열릴까"

《경향신문》 2018년 5월 6일자, "남북경협, 상상 그 이상을 보게 될 것"

《경향신문》 2019년 5월 1일자, "[단독]통일부, 남북 교류협력지원협회 공기업으로 전환 검토"

《국민일보》 2005년 10월 30일자, "[한마당-이강렬] 2005년 10월 평양"

《국민일보》 2019년 5월 22일자, "경기도가 한반도 평화프로세스 물꼬튼다"

《국민일보》 2019년 9월 19일자, "외국 손님들 다 랭면 랭면 한다"

《국제신문》 2019년 4월 29일자, "[세상읽기] 짐 로저스의 한반도 투자론"

《국토경제신문》 2018년 6월 22일자, "인천항만공사, 단동페리 취항 20주년 기념식"

《노동과 세계》 2019년 4월 17일자, "[기고] 자주통일 새 시대, 투쟁 없이 오지 않는다"

《노컷뉴스》 2019년 5월 8일자, "송영길 北 인구 40% 영양부족"

《뉴스핌》 2018년 9월 20일자, "[평양정상회담] 31세 차이 文 · 金, 백두산 동반 트레킹"

《뉴스1》 2019년 1월 9일자, "평화열차 타고 평양으로"

《뉴스1》 2019년 4월 8일자, "평양시내 가로질러"

《뉴시스》 2019년 2월 12일자, "남북, 오늘 금강산 새해맞이 행사"

《동아일보》 2018년 11월 22일자, "처음 마주친 北 군인들에 괜한 두려움으로 덜덜"

《미디어오늘》 2018년 7월 11일자, "JTBC 방북에 KBS · 연합뉴스, 정신 바짝 차려야"

《미디어오늘》 2019년 5월 21일자, "비판만으로 세상이 바뀌지 않는다"

《서울경제》 2018년 12월 2일자, "스트레이트 정권 1호 간첩사건 추적"

《서울경제》 2019년 4월 29일자, "[탐사S] 해외이주자 건보 먹튀 알면서도 쉬쉬"

《시사IN》 2018년 8월 15일자, "대한민국은 왜 흑금성을 버렸나"

《아시아경제》 2016년 4월 3일자, "제3국 우회 위장 반입 北물품 여전"

《아시아경제》 2017년 9월 14일자, "中 백두산 남파 재개방 무기한 연기"

《아주경제신문》 2019년 4월 8일자, "[전문] 김연철 통일부 장관 취임사 평화는 경제다"

《연합뉴스》 1998년 6월 18일자, "MBC 남북이산가족찾기, 이제는 만나야 한다"

《연합뉴스》 2005년 11월 24일자, "평양~남포 통일 마라톤대회"

《연합뉴스》 2016년 4월 4일자, "정부, 미승인 北 접촉 목사 5명에 과태료 부과(종합)"

《연합뉴스》 2018년 3월 22일자, "평양행 탁현민 공연 구성 등 논의 차 방북"

《연합뉴스》 2018년 7월 8일자, "화해 무드 타고 지자체마다 남북교류사업 채비 분주"

《연합뉴스》 2018년 12월 5일자, "도종환 장관, 北개방시 백두산 트레킹 코스 개발 제안"

《연합뉴스》 2019년 3월 3일자, "강영식 사무총장 남북 민간교류 자율성 더 넓혀줘야"

《연합뉴스》 2019년 3월 14일자, "경기도, 다음달 남북 공동 파주~개성 마라톤 추진"

《연합뉴스》 2019년 3월 14일자, "경기도, 다음달 남북 공동 파주~개성 마라톤 추진"

《연합뉴스》 2019년 4월 27일자, "文대통령 4·27 1주년 메시지"

《연합뉴스》 2019년 6월 26일자, "문재대통령 개성공단 재개, 北밝은 미래 제시"

《연합뉴스》 2019년 5월 7일자, "민화협 이달 말 北과 선양서 실무접촉 예정"

《오마이뉴스》 2018년 4월 26일자, "4·27 남북정상회담, 1·2차와 5가지가 다르다"

《오마이뉴스》 2018년 4월 28일자, "눈물로 삼킨 옥류관 평양냉면, 그 맛이 어땠냐면"

《오마이뉴스》 2018년 9월 19일자, "[사진] 미리 보는 문재인·김정은 백두산 등반 코스"

《오마이뉴스》 2019년 5월 7일자, "[전문] 문재인 대통령의 평범함의 위대함"

《오피니언뉴스》 2019년 4월 13일자, "서울서 물건 부치면, 모레 평양 도착한다"

《오피니언뉴스》 2019년 4월 20일자, "남과 북이 일과 일상으로 만나는 단둥(丹東)"

《유코리아뉴스》 2014년 7월 9일자, "남북경협 불씨 살리려 경활(經活) 추진"

《이데일리》 2018년 1월 18일자, "北 확정만 400여명 파견"

《이데일리》 2018년 4월 25일자, "탄력 받는 CJ대한통운 북방물류"

《조선일보》 2002년 10월 3일 자, "중 단둥, 북한 자본주의의 창"

《조선일보》 2019년 4월 9일자, "지안·만포 다리 개통 北·中 경협 밀착 강화 신호탄"

《조선일보》 2019년 4월 24일자, "판문점선언 1주년 기념행사"

《조선일보》 2019년 6월 26일자, "北관광 제재 대상 아니라는데"

《중앙일보》 2019년 5월 4일자, "법륜 스님, 북한 초청으로 4박 5일 방북"

《채널A》 2019년 4월 12일자, "한미 정상 톱다운 방식, 평화 프로세스에 필수"

《통일경제 창간호》 2017년 2월 13일자, "남북경협 3.0을 준비하는 사람들"

《통일뉴스》 2016년 12월 23일자, "남북경협하면 전부 개성공단으로 알고 있다"

《통일뉴스》 2017년 1월 24일자, "설 전후 남북경협 기업 피해보상 나올까?"

《통일뉴스》 2018년 4월 17일자, "남북 정상, 민간교류 보장, 제도화 선언해야"

《한겨레》 2007년 10월 2일자, "노무현 대통령 걸어서 금단의 선 넘었다"

《한겨레》 2019년 4월 22일자, "서울~평양 스마트시티 교류"

《한국기자협회》 2018년 8월 15일자, "JTBC 2년 연속 신뢰도·영향력 1위"

《한국일보》 2005년 10월 4일자, "[北 '아리랑 공연'관람기] 평양 풍경"

《한국일보》 2015년 11월 13일 자, "초라한 신의주, 화려한 단둥"

《한국일보》 2018년 4월 30일자, "2조원 투자하면 북한 관통 고속열차 가능"

《한국일보》 2018년 11월 21일자, "남북 민화협, 이달 중국서 회동"

《JTBC 뉴스룸》 2017년 9월 2일자, "[단독] 대북 제재 강화 북·중 접경지역은"

《JTBC》 2018년 5월 17일자, "스포트라이트 서울시 공무원 간첩조작 사건"

《JTBC》 2018년 5월 17일자, "스포트라이트, 간첩이 된 남북 사업가들"

《JTBC 뉴스룸》 2018년 6월 4일자, "[앵커브리핑] 달렸다, 손기정은"

《JTBC》 2018년 8월 10일자, "오전 64명 방남, 오후엔 151명 방북"

《JTBC 이규연의 스포트라이트》 2019년 1월 10일자, "단독 공개! 북한 백두대간"

《KBS2》 2008년 7월 8일자, "백두산을 가다 2탄"

《KBS》 2018년 8월 14일자, "10년 만에 평양 생방송 연결?"

《KBS NEWS》 2019년 3월 21일자, "인적교류는 급증한 반면 경제협력은 썰렁"

《KBS NEWS》 2019년 3월 6일자, "북한에 전 재산 투자하고 싶다 짐 로저스 출연"

《KBS NEWS》 2019년 5월 8일자, "금보다 귀한 쌀 北 식량난 10년 새 최악"

《KBS 1TV '사사건건'》 2019년 3월 7일자, "[짐 로저스 초청 대담] 북한에 투자하라?"

《KBS》 2019년 4월 22일자, "압록강 유람선 타고 노래 부르는 북한 주민들 목격돼"

《MBC 통일전망대》 2019년 4월 27일자, "개성으로 출근하는 사람들"

《SBS》 2015년 1월 7일자, "종북 논란 신은미 추방·황선 구속영장 신청 검토"

《SBS 8시뉴스》 2018년 4월 14일자, "검사는 대충, 서류는 조작"

《SBS 8 뉴스》 2019년 5월 17일자, "폐쇄 39개월 만에 개성공단 방북 승인"

《YTN》 2016년 11월 1일자, "제재 여파로 中 단둥 대표적 북한 식당 폐업"

우리민족서로돕기운동 홈페이지, http://ksm.or.kr/

재외동포재단 홈페이지, http://www.okf.or.kr/homepage/intro/greeting.do

통일부 홈페이지, https://www.unikorea.go.kr/

강주원

서울대 인류학과 대학원에서 석·박사학위(2012)를 받았다. 2000년부터 중국 단둥과 중·조 국경 지역(두만강·압록강)을 찾아가고 있다. 그곳에 살고 있는 북한사람·북한화교·조선족·한국사람과 관계맺음을 하며 국경에 기대어 사는 이들의 삶을 기록하고 있다. 북한과 한국 사회를 낯설게 보고 만나는 노력을 하고 한반도의 평화·공존에 대한 고민을 업으로 하는 인류학자의 길을 걸어가는 꿈을 키우고 있다. 지은 책으로는 『웰컴 투 코리아』(2006, 공저), 『나는 오늘도 국경을 만들고 허문다』(2013), 『압록강은 다르게 흐른다』(2016) 등이 있다. 2012년에 재외동포재단 학위 논문상을 수상했다. kjw422@hanmail.net

압록강은 휴전선 너머 흐른다

1판 1쇄 찍음 2019년 12월 3일
1판 1쇄 펴냄 2019년 12월 10일

지은이 강주원
펴낸이 정성원·심민규
펴낸곳 도서출판 눌민

출판등록 2013. 2. 28 제25100-2017-000028호
주소 서울시 마포구 월드컵로10길 37, 서진빌딩 401호 (04003)
전화 (02) 332-2486 **팩스** (02) 332-2487
이메일 nulminbooks@gmail.com

Text & Photos ⓒ 강주원 2019

Printed in Seoul, Korea

ISBN 979-11-87750-27-7 03300

이 도서의 국립중앙도서관 출판예정도서목록(CIP)은 서지정보유통지원시스템 홈페이지(http://seoji.nl.go.kr)와 국가자료종합목록시스템(http://www.nl.go.kr/kolisnet)에서 이용하실 수 있습니다. (CIP제어번호: CIP2019047659)